丛书主编　[英]理查德·史蒂文斯（Ric

译丛主编　郭本禹　阎书昌

乔治·凯利：

个人建构心理学的探索者

George Kelly:
Shaper of Personal Meaning

[英]特雷弗·巴特（Trevor Butt）著　　王鑫强　杨文娟　黄璐 译　　张鑫栋 等 校

上海教育出版社
SHANGHAI EDUCATIONAL
PUBLISHING HOUSE

译丛总序

由理查德·史蒂文斯（Richard Stevens）主编的"心灵塑造者：心理学大师及其影响"丛书的中文译本终于陆续与读者见面了。这套丛书由八位震古烁今的心理学家学术传记组成，他们分别是人类处境的探索者埃里克·弗洛姆（Erich Fromm，1900—1980）、进化思维的塑造者查尔斯·达尔文（Charles Darwin，1809—1882）、潜意识的探索者西格蒙德·弗洛伊德（Sigmund Freud，1856—1939）、行为的塑造者伯尔赫斯·F. 斯金纳（Burrhus F. Skinner，1904—1990）、个人建构心理学的探索者乔治·凯利（George Kelly，1905—1967）、人格毕生发展的探索者埃里克·埃里克森（Erik Erikson，1902—1994）、矛盾的心理学探索者汉斯·艾森克（Hans Eysenck，1916—1997）和服从及其意义的探索者斯坦利·米尔格拉姆（Stanley Milgram，1933—1984）。

"心理学虽有一个漫长的过去，但仅有一个短暂的历史。"（艾宾浩斯语）在这漫长而短暂的历史中，出现了一批又一批的心理学家，他们为心理学提供了概念、框架、理论，同时这些概念、框架、理论又成为我们审视人类生存状态的工具。我们通过这些心理学家的学术传记，审视他们在推动概念的出现、框架的转换、理论的演变那一时刻的所思所想，体悟心理学发展历程的魅力所在，观察心理学发展的历史起伏，最终形成对心理学理论发展的个人认知，并成为心理学发展新认知、新观念和新思想的源泉。

这套丛书的传主都是心理学历史上创造性极强的人物，他们已有的传记早已享誉学界，为什么还要出版这套丛书，而且是以篇幅不大的单册小书来展现每位传主呢？这套丛书以洗练的文笔和极简的篇幅，深入浅出地展示了这些伟大心理学家的创造性工作，可谓以"小书"述"大家"。每本传记都概述了心理学家关于人类心理与行为的最重要观点，并给出了深刻而透彻的评论，通过心理传记的方式，结合心理学家的人格和生活经验来阐述其思想，最终试图探寻心理学家的思想与当代世界的关联。通过这套丛书，我们可以看到这些心理学家的创造性，看到他们所展示的心理学理论的魅力之花，看到他们创立的概念和理论对人类心灵的塑造作用。

为此，我们引进这套丛书，组织了国内高校一批优秀的、年富力强的中青年教师加入到丛书的翻译队伍中，希望通过翻译工作为国内理论心理学、心理学史领域培育一批中坚力量，为未来的研究提供新的活力。我们殷切希望，未来可以有一批学者能够写出一系列中国心理学家的学术传记，讲述心理学的"中国故事"！

不仅如此，在快节奏的时代，篇幅较小、可读性强的传记往往具有特别的阅读优势，便于读者迅速把握住心理学家的核心观点。这套传记不仅适合心理学界的读者阅读，而且适合普通读者阅读，反映出这些传主的跨学科影响力。这是组织出版这套丛书的意旨——让国内读者特别是对心理学感兴趣的年轻读者了解心理学大师独特的思想成果，感知大师成长中的智慧才情，学习大师们的治学方法。

我们希望，这套丛书精选的国际心理学大师的传记，能够帮助国内年轻读者了解和熟悉心理学发展史上这些心理学大家的精彩思想和人生历程，获得智慧和启迪，为我国心理学的发展提供新思路，做出新贡献。

郭本禹　阎书昌

2021 年 8 月 26 日

中文版序一

维芙·伯尔
Viv Burr
英国哈德斯菲尔德大学批判
心理学荣休教授
Emerita Professor in Critical Psychology
at University of Huddersfield, UK

特雷弗·巴特（Trevor Butt）是我重要的思想启蒙者和朋友。我第一次见到特雷弗是在 20 世纪 80 年代中期，那时我刚加入哈德斯菲尔德理工学院（Huddersfield Polytechnic，1992 年更名为哈德斯菲尔德大学）行为科学系。特雷弗是行为科学理学学士学位（荣誉）高级讲师，主讲一门将心理学和社会学综合起来研究人类的创新课程。尽管这个学位后来被心理学学位取代，但特雷弗仍然坚信该课程的主张——只有考虑人们生活的社会和文化条件，才能充分了解人。特雷弗对个人建构心理学（personal construct psychology，PCP）的解读也秉承了凯利（George Kelly）的观点，即我们自己的个人建构是在我们与他人的关系以及我们居住的社会世界的基础上形成的。特雷弗在从事教学工作之前从事临床实践工作。后来，虽然特雷弗有了教学任务，但他每周还会做一天临床实践工作。

在我刚担任讲师的时候（虽然在这之前我已经取得博士学位，但是几年的育儿生涯让我觉得自己与学术工作脱节了），我很担心自己是否能够胜任这个工作。事实证明，特雷弗外向热情的性格、幽默感以及对他人担忧和焦虑的洞察力（这无疑是特雷弗临床经验和专业知识的结晶），给我提供了巨大的帮助。这段经历让我们成为坚定的、终生的朋友和同事，与特雷弗的交谈也让我相信，与其他形式的心理学相比，个人建构心理学具有巨大的价值。

就像接力赛中的运动员一样，接力棒从一个人传递给另一个人，这无疑是学术热情长盛不衰的方式。在特雷弗职业生涯的开始，他知道个人建构心理学，但他并没有对其表现出特别的偏爱。在入职哈德斯菲尔德大学之前，特雷弗从事临床工作，在那里他认识了唐·班尼斯特（Don Bannister）。虽然唐是一名临床医生，但他与弗兰塞拉（Fay Fransella）于 1971 年共同撰写了《探究者》(*Inquiring Man*) 一书，以通俗易懂的方式介绍了个人建构心理学。① 唐是一位公认的富有魅力和创新精神的人，在英国个人建构心理学的建立过程中，他起到了相当大的作用。特雷弗、唐和该地区其他年轻的临床医生开始定期召开会议。随着特雷弗与唐之间的友谊和思想纽带不断加深，特雷弗自己也成为个人建构心理学的"皈依者"。遗憾的是，唐于 1985 年去世，享年 58 岁。特雷弗痛失挚友，但是唐仍然是他的榜样，唐对个人建构心理学的热情已经传递给特雷弗。后来，我有幸从特雷弗手中收到这份"礼物"。特雷弗和我合作撰写了许多著作，其中最著名的是 1992 年出版的《个人建

---

① Bannister, D., & Fransella, F.(1971). *Inquiring Man*. Penguin.

构心理学的邀请》(*Invitation to Personal Construct Psychology*)，该书旨在为学术界和感兴趣的非专业人士提供一本个人建构心理学的入门读物。后来，这本书出版了第二版（Butt & Burr, 2004）。①

是特雷弗把我介绍给个人建构心理学学术界和从业者这个美妙的大家庭，我们经常一起或分别参加欧洲的会议和国际会议，介绍我们的观点。与心理学学科中的某些领域不同，个人建构心理学界有一种非常热情和包容的风气。在这里，人们以开放和宽容的态度接纳新的想法，这正是个人建构心理学的理论精神所在。通过特雷弗，我结识了许多朋友和学术界的同事，我们都被特雷弗外向活泼的性格吸引，其中包括哈里。他将在"中文版序二"中讲述他的故事。

尽管特雷弗于 2007 年从教学岗位上退休，但他通过写作和与其他个人建构心理学学者开展讨论，一直活跃在个人建构心理学界，直到 2015 年去世。现在，特雷弗的著作即将与中国读者见面，如果特雷弗地下有知，他一定会为此感到高兴。

---

① Burr, V., & Butt, T. W.(1992). *Invitation to Personal Construct Psychology*. London: Whurr. 2nd Edition, 2004.

中文版序二

哈里·普罗克特
Harry Procter
英国赫特福德大学客座教授
Visiting Professor at University of
Hertfordshire, UK

我很高兴与特雷弗·巴特（Trevor Butt）相识多年并成为朋友。我也很高兴在一系列精彩的个人建构心理学国际会议上，我们有机会多次交谈。特雷弗和我都决心向天才乔治·凯利的研究致敬，将凯利的研究朝着承认个人建构的社会起源的方向发展，同时保持凯利对自主个体的重视，即认为个体能积极地从文化、语言和关系系统提供的材料中塑造出独特的个人世界观。这也是我自己从事家庭心理健康领域工作的基础。特雷弗告诉我，他经常从我早期与格莱尼丝·帕里（Glenys Parry）共同撰写的论文中寻找灵感。在这些论文中，我们借鉴了社会学、马克思主义和维果茨基的观点，扩展了建构理论，并阐述了建构理论社会和关系方面的内容，这让我感到非常高兴。①

特雷弗是我们团体中的一员，团体成员还包括赖克拉克（Joseph Frank Rychlak）、肖特（John Shotter）、沃伦（Bill Warren）、阿梅扎尼（Maria Armezzani）、恰里（Gabriele Chiari）、诺帕拉斯特（Khosrow Bagheri Noaparast）等。我们认为凯利不仅是心理学和心理治疗的重要贡献者，还是当之无愧的哲学家。我认为，从《乔治·凯利：个人建构心理学的探索者》这本书开始探讨这个问题再合适不过了，弗兰塞拉（Fay Fransella）在评论《乔治·凯利：个人建构心理学的探索者》时说：

> 这是一本少有的将凯利的思想置于哲学背景下的书……读这本书如同让我爬一座陡峭的曲折的学习之峰，但我很高兴能攀登这座学习之峰。事实上，我认为这本书对于任何对凯利思想感兴趣的人都有价值。②

这本书在向缺乏个人建构心理学知识的非专业人士或心理学从业者介绍和解释个人建构心理学方法方面，与特雷弗与维芙·伯尔合著的《个人建构心理学的邀请》（*Invitation to Personal Construct Psychology*）（1992，2004）、特雷弗所著的

---

① Procter, H. G., & Parry, G.(1978). Constraint and freedom: The social origin of personal constructs. In F. Fransella(Ed.), *Personal Construct Psychology 1977*(pp.157–170). London: Academic Press. Retrievable from: https://www. academia.edu/641754/Constraint_and_Freedom_The_Social_Origin_of_Personal_ Constructs_by_Harry_Procter_and_Glenys_Parry_1978_

② Fransella, F.(2008). Review of Trevor Butt: George Kelly: The Psychology of Personal Constructs. *Personal Construct Theory and Practice*, 5, 19–25. Retrieved from: http://www.pcpnet.org/journal/pctp08/fransella08.pdf

《理解人》(*Understanding People*，2003)一样，做得非常出色。①② 毫无疑问，这源于特雷弗和维芙在哈德斯菲尔德大学的教学经历。对我来说，《乔治·凯利：个人建构心理学的探索者》这本书是将凯利的思想与实用主义、现象学、人文主义和存在主义等哲学流派相联系的一次精彩探索，同时又保留了独创性和内容的连贯性。我相信，阅读这本书会激发人们探索特雷弗发表的 70 多篇论文和章节的兴趣，这些论文和章节涵盖了当代很多重要的主题和问题(参见 Procter. The writings of Trevor Butt)。③

　现在，这本书被翻译成中文，这是重要的一步。它有望开启对话和合作研究，将建构理论与中国文化和哲学的巨大遗产相结合并进行比较，这些遗产跨越了中国数千年的历史和发展，并在当代开花结果，在如此多的学科中绽放。特别是，在凯利的建构概念中处于核心地位的辩证基础(Procter, In Press)，与中国古代和当代理论中的辩证方法有着有趣的联系(Kuo You-Yuh, 1976)。④⑤

① Burr, V., & Butt, T. W.(1992). *Invitation to Personal Construct Psychology*. London: Whurr. 2nd Edition, 2004.
② Butt, T. W.(2004). *Understanding people*. Basingstoke: Palgrave Macmillan.
③ Procter, H. G. The writings of Trevor Butt. Retrievable from: https://www.academia.edu/12009123/The_writings_of_Trevor_Butt_1947_2015_
④ Procter, H. G.(In Press). Dialectical Constructivism: The contributions of Charles S. Peirce and George A. Kelly to Dialectical Thinking. In M. Mascolo, A. Belolutskaya, & N. Shannon(Eds.), *The Routledge Handbook of Dialectical Thinking*. New York: Routledge.
⑤ Kuo You-Yuh.(1976). Chinese dialectical thought and character. In J. Rychlak(Ed.), Dialectic: Humanistic rationale for behavior and development. *Contributions to Human Development, 2*, 72–76.

目　录

致 谢

感谢"心灵塑造者：心理学大师及其影响"丛书主编理查德·史蒂文斯（Richard Stevens）鼓励我撰写这本书。史蒂文斯多次耐心细致地审阅稿件并提出许多有益的建议。感谢我的朋友和同事，他们在个人建构理论的世界给我很多帮助，并鼓励我完成了这本书的写作。特别感谢堪萨斯州立大学克伦威尔（Rue Cromwell）教授，他给我寄来大量凯利教授的信件，并耐心地回复我提出的许多问题。贝尔（Richard Bell）、伯尔（Viv Burr）、埃普坦（Franz Epting）、弗兰塞拉（Fay Fransella）、梅尔（Miller Mair）、内梅尔（Bob Neimeyer）、希尔（Joern Scheer）和大卫·温特（David Winter）也给我很多帮助和鼓励。感谢我的朋友兰布里奇（Darren Langdridge），虽然他不是一名建构主义理论学家，但他与个人建构理论的"距离"在很多方面给我提供了帮助。

开始写这本书后不久，我的孙女埃斯米（Esme）出生了。她完全符合我们大家的期望，甚至超出我们大家的期望。她的到来给我带来极大的鼓舞，没有什么比孙女出生这样重大的生活事件更能帮助我平衡工作与生活了。最后，我想把这本书献给我的朋友唐（Don Bannister）。如果没有唐，我就不可能接触个人建构心理学。

作者和出版社感谢版权机构允许使用下述材料：

感谢圣智学习（Cengage Learning）授权使用 Kelly, G. A. (1955). *The Psychology of Personal Constructs*. London: Routledge. 经英国泰勒－弗朗西斯图书出版公司（Taylor & Francis Books UK）许可转载。

感谢约翰威利出版公司（John Wiley & Sons, Inc.）授权使用 Kelly, G. A. (1969). Clinical Psychology and Personality. In B. Maher (Ed.). *The Selected Papers of George Kelly*. New Jersey: John Wiley & Sons.

前　言

　　这本书是一本关于乔治·凯利（George Kelly，1905—1967）的个人建构理论（personal construct theory，PCT）的著作。和其他优秀的理论一样，个人建构理论也是在心理治疗实践中产生的。个人建构理论是一个实用的理论，它帮助人们摆脱"我是过去的受害者"的感觉，并帮助人重新建构自己的生活。精神分析和行为主义这两种人格理论在当时是很重要的人格理论。虽然精神分析与行为主义截然不同，但是它们有一个重要的相似之处，即认为人在很大程度上被超出自己控制的力量支配。与精神分析和行为主义不同，个人建构理论认为，人是负责任的行动者，人控制着自己的选择和决定。尽管每个人都有必须应对的事件，但决定个体反应的是个体对事件的建构，而不是事件本身。对凯利来说，人格的秘密就是理解个体对其所面对事物的解释。

　　这种对个体视角的关注就是所谓的现象学方法。它试图通过不同人的眼睛来看待事物，而不是试图把事物挤进心理学家预设的理论中。由于强调能动性，个人建构理论有时被视为一种在某些方面类似于罗杰斯（Carl Rogers）理论的人本主义取向。凯利接替罗杰斯担任俄亥俄州立大学临床心理学项目主任。凯利被认为是美国临床心理学创始人之一。在1955 年至 2005 年间，著名的《心理学年鉴》（*Annual Review of*

Psychology）中有近 50% 的文章都提到凯利。凯利处于建构主义（constructivism）的最前沿，建构主义是心理学中强调个体感知和建构的一系列方法，它认为人是自我导向的。

凯利的观点在 1955 年的心理学发展中的贡献是革命性的。如果当时凯利是心理学界的一员，也许他不能写出这样的作品。凯利来自堪萨斯州一个偏僻的农村，在大萧条期间，他为有心理障碍的儿童和成人建立了一个流动诊所，最终形成一种解决问题的实用主义方法。凯利后来认为，这种方法远远超出心理学家的接受范围。第二次世界大战后，凯利搬到俄亥俄州，开始撰写两卷本的《个人建构心理学》（*The Psychology of Personal Constructs*）。在写作期间，每周三晚上，凯利把草稿分发给他的临床心理学专业的学生，让学生在他家里讨论。凯利对自己的理论似乎一直持谦虚的态度，有时甚至太谦虚了。英国心理学家班尼斯特的积极推广，使得这本书得以在美国之外（首先在英国）传播。在美国，凯利通过一系列谈话和文章阐述了他的方法。他开始写一本他一直没写完的书——《人类的感觉》（*The Human Feeling*），这本书旨在反驳"个人建构理论是一种认知方法"这一评价。

在某种意义上，我们可以说凯利的观点很流行。各个大学的人格课程会讲述个人建构理论，绝大多数心理学家在某种程度上也都是建构主义者。大多数人都赞同这样的观点，即构想和感知对意义的形成至关重要。构想和感知总是在人和现实世界之间存在，并影响人和现实世界的关系。两千年前，斯多亚学派（Stoic）的爱比克泰德（Epictetus）曾指出，不是事件困扰我们，而是我们对待事件的态度困扰我们。心理学终于有了这种哲学。行为主义已经转向认知科学，而精神分析（至少在英国）也不再是那种机械地讽刺过去。像钟表一样运行的人（clockwork people）的看法，在心理学上已经过时。然而，很少有心理学家是真正意义上的凯利派。凯利的理论对心理学家来说太奇怪了，因为它不涉及心理学的通用概念，没有内部特征，没有潜意识，也没有神经生理学基础。情绪有人人知晓的名称，却没有独立于认知和行为的地位。实际上，思想、情感和行为都没有独立的地位，它们融合在解释的过程中。

个人建构心理学是 20 世纪中期时代的产物，它是一个伟大的理论，始于心理治疗，并扩展到人格的各个方面。当代心理学家尊重个人建构心理学的历史，并借鉴它的技术和策略来调查个人的感知和建构。然而，由于个人建构心理学拒绝使用主流心理学领域通用的术语，因此它付出了一定的代价，即被边缘化了。在本书中，笔者试图向读者介绍个人建构心理学这一理论的历史和概念。笔者会秉持批判的态度，与个人建构心理学保持一定的距离，指出它在哪些方面与主流心理学不同。笔者相信，通过阅读本书，读者会亲眼看到个人建构心理学方法的古怪或不寻常之处。本书的大部分内容是采用描述和说明的风格来写作的。对于一种不太为人所知的理论，这种写作风格似乎很重要。本书还在后面几章分析了个人建构理论。通过阅读本书，持批判态度的读者可能会非常理性地选择拒绝个人建构理论，但至少他们知道自己在拒绝什么。

笔者想以几条关于写作风格的话来结束这篇"前言"。首先，为了避免造成语言上的性别歧视或代词赘余，本书交替使用"他"和"她"。其次，为了保持本书阅读顺畅，正文中尽量减少引用的次数。本书大多数引文来自以下两种文献：1995 年出版的凯利的《个人建构心理学》（ *The Psychology of Personal Constructs* ）和 1969 年出版的布伦丹·马赫（Brendan Maher）选编的《乔治·凯利文选》（ *The Selected Papers of George Kelly* ）。为了简洁起见，我在行文中把它们称为凯利（1955）（Kelly，1955）和马赫（1969）（Maher，1969）。值得注意的是，《个人建构心理学》绝版多年后，于1991年重印。为了重印这本书，弗兰塞拉（Fay Fransella）教授及其个人建构心理学中心的助手们付出了很大的努力，他们重新录入了整整1200页的手稿。本书引用的是《个人建构心理学》1955年的版本。

特雷弗·巴特

第一章 人格问题

这是一本关于乔治·凯利（George Kelly）和他的人格理论——个人建构理论（personal construct theory，PCT）的书。学术界以外的人或许没怎么听说过个人建构理论。当想到"人格"（personality）一词时，我们可能会想到人应该具备的主要特质——人是内向的还是外向的？我们可能会对那些在人内心深处的冲动和欲望，以及以神秘方式操纵这些冲动和欲望的潜意识力量感到好奇。我们总是想象着我们每个人都有一个想要去了解的真实的自我——也许人格可以帮助我们理解。您可能听说过条件作用理论的词汇——强化和刺激——并仔细思考这些力量如何决定我们的行为。虽然凯利的理论没有涉及这一点，但是它也影响了很多当代心理学的思想。今天的心理学终于认识到个人叙述的重要性，以及它们如何塑造个人生活。正如我们将看到的，凯利在他的工作中首次提出了个人建构的方法。心理学家如何演化出如此不同的观察人的方式，他们如何帮助我们把握自己的生活？在第一章中，我想回顾一下人格理论的历史。它们从哪里来？它们是什么？它们有什么用呢？然后我们就能看到凯利的作品是如何融入其中的。

关于"人格"这个概念一个有趣的事实是，人格研究的历史并不长。刚开始，这似乎令人惊讶。毕竟我们现在已经陷入对名人的狂热崇拜中，人们似乎不需要天赋，也不需要做很多事情，仅仅因为人格独特就可以成名。然而，在几百年前，人们几乎不怎么使用"人格"这个概念，人格并没有得到重视。与现在的生活相比，几百年前人们的选择要少得多，活动的范围较小，大多数人的寿命很短，几乎没离开过出生地。人们用来沉思的时间并不多，保持身心的契合一定是我们祖先面临的一个挑战。你可以通过了解不同人在生活中所处的地位来简单判断他们正在忙什么事。有些人可能是仆人、农民、商人，或者是地主和贵族，这一切都将通过他所做的一切，甚至他的穿着打扮来体现。当然，骑士之间战斗的时候会显现出些许的不同，农民在应对逆境时也会有一系列不同的策略。有这样一种东西叫作品格，它是对道德价值的一种衡量，并在个体面临生活的考验和磨难时表现出来。各种各样的宗教体系都有怎样过上美好生活的秘诀，并且规定了人们应该努力遵守的道德准则，但是人格的概念是现代的。

社会科学家以一种特殊的方式使用"现代"这个词，它指的是现代时期，通常认为始于 18 世纪的欧洲。现代社会在许多方面都与之前的传统社会不同，现代社会没有森严的等级，而且更加复杂。与此同时，权力结构也发生了变化。从土地中获得财富的贵族开始不得不与来自制造业和贸易的新兴中产阶级分享权力。个人的工作和努力不仅在天堂得到回报，在世上也能得到回报。甚至基督教也不得不适应这种变化，人们不再满足于让一位用拉丁语吟诵弥撒曲的牧师为他们解释宗教的奥秘。正如凯利所指出的，宗教改革引入"每个人都是他自己的牧师"的观点。在一场允许《圣经》翻译成其他语言的争论之后，现在每个人都可以读《圣经》，每个人都成为其道德责任的中心。人格现在不仅是服从的问题，而且是选择的问题。宗教改革带来的思想是，一个人的命运掌握在自己手中。善不是只有上帝才能拥有的无形的意图，善存在于每个人的行动中。现在，努力工作和生产力是衡量道德价值的指标。现代性带来了个人的崛起。

这就是人格概念产生和发展的社会氛围，与其说人格是一项发现，不如说它是一项发明或建构。说人格是一种建构，并不是说人格是短暂的或虚构的，并不是否认人格在某种意义上是"真实的"。"建构"意味着事物以一种不同的方式组合在一起，就像在传统社会一样。当我们读到普鲁塔克（Plutarch）对有影响力的罗马人和希腊人生活的分析时，或者苏维托尼乌斯（Seutonius）对早期罗马皇帝的描述时，我们可以发现一些类似于人格理论的东西，例如，个人是超自然力量的载体，就像鹰一出生上帝就预示了它如何发展，地震一形成上帝就预示了它如何演变。这些内容对我们来说没有太大意义。现在，至少在某种程度上，我们认为人是可以控制自己生活的个体。不同的建构属于不同的时代，不同的建构代表不同的解释。任何事件都会有不同的观点。我们常常会为现实世界中发生的一些有趣的事赋予意义。在这个过程中，我们可能需要不同的建构来完成这项工作。凯利将这一过程称为建构替换论（constructive alternativism）。

对于一个人格心理学家来说，不同寻常的是，凯利旗帜鲜明地阐述了他的哲学立场——建构替换论。正如我们将在第二章所看到的，建构替换论是以杜威（John Dewey）的实用主义为基础的。建构替换论认为，看待同一件事的方式有很多种（用凯利的话说，建构同一件事的方式有很多种）。哪种方式正确，从来都不是一个问题，对与错在这里不是一个有用的维度。相反，我们应该询问特定的建构方式是否对我们的目的有用。人格理论的兴趣和目标各不相同，这也是心理学发展出许多不同人格理论的原因之一。

人格的历史

当代人格理论起源于 20 世纪初，这也是心理学作为一门独立学科开始出现的时候。心理学植根于哲学和生理学，并逐渐发展为一个独立的研究领域。我们可以在这个新兴领域找出三种心理学传统——临床的传统、心理测量的传统和实验的传统，它们都有助于人格的定义。如果认为这三种心理学传统完全独立，那无疑是一种误导，但它们确实都与不同的目标有关。我们可以看到，它们在人格理论的历史中是交织在一起的。

当代心理学发展的一个关键时间是 1914 年。彼时，华生（John Watson）离开芝加哥大学哲学系，和其他人一起创立第一个实验心理学系。詹姆斯（William James）是此前近 20 年里第一位北美心理学教授，但多年来，他的巨大贡献被华生行为主义的主导地位掩盖。杜威和乔治·米德（George Mead）也是当时杰出的心理学家，现在他们经常被认为是哲学家。这是因为华生坚持认为心理学是继物理学和其他自然科学之后建立起来的又一种模式，心理学只与公开可见的事件有关。这意味着心理学关注的是行为，而不是看不见的思想、意图、想法或感觉。现在，心理学是一门实验科学，而不是"纸上谈兵的哲学"。华生的理论被称为"行为主义"。在接下来的 60 年里，实验心理学的主要形式是行为主义。这就使得研究者常会在老鼠和鸽子身上进行实验，并期待实验结果能揭示行为规律，然后将这些行为规律应用于人类和其他物种。

人格是早期实验心理学的一个研究问题。相比于其他物种，人类好像有其特殊性。我们清楚地知道人类不是有记忆的乒乓球，而是有人格特点的人。但是，人格不能被直接观察，只能从行为模式中推断出来。正如凯利观察到的，这些早期的

4

实验心理学家一定是生活在两个不同的世界里。他们必须观察自己和他人的行为、情感和思维的特征模式。当他们进行实验时，他们形成了理论和预设，而且充满热情地投入到结果中。然而，当他们研究其他人时，他们并不认为他人具有同样的特质。相反，他们认为他人只是活动的有机体，他人的行为没有方向或者没有意义。不，他人受条件反射和强化结果的支配。对于行为主义来说，人格研究很尴尬，必须在与学术界平行的两大领域——心理测量学和精神病学内发展。

心理测量学的传统侧重于过去被称为"心理测量"的东西。法国的比纳（Alfred Binet）曾被要求设计智力测试（后来被称为智商测试），用来诊断学龄儿童的智力缺陷。在欧洲和美国，智商测试有了很大发展。现在测量身高或体重要比测量智力容易得多，这是因为有了物理特性，不仅可以清楚地知道测量的到底是什么，而且有绝对零点和刻度。我们怎样测量无形的心理属性？统计学家给出的答案是，一切都应该按照一个标准点来绘制。这表明，假设的平均水平的人应该有一个分数，并通过将量表应用于大量个体来估计这个假设的平均水平的人的分数。这个结果以表格的形式告诉心理学家，个人的分数如何与分布在标准群体中的分数相匹配。

奥尔波特（Gordon Allport）可能是第一个被视为人格理论家的北美心理学家。20世纪20年代，奥尔波特对每个个体内部具有独特功能的动力系统感兴趣。在行为的背后是人格特质或性情，每个人都是具有这些人格特质或性情的独特组织。我们经常挑选一些基本的人格特质来区分一个人与另一个人。卡罗尔（Carol）的吝啬可能以许多不同的方式表现出来，这是她处世方式背后的一种组织和导向原则。但是，奥尔波特关于人格特质的假设并没有沿着他预期的道路发展，相反，在第二次世界大战后，心理测量学家采用和改编了人格特质的假设。卡特尔（Raymond Cattell）和艾森克（Hans Eysenck）分别发展了特质理论，他们的理论强调的不是个体内部特质的动态组织，而是个体之间的差异。利用因素分析的技术手段，他们研究人格的方式同他们之前的其他人研究智商一样。因素分析从成千上万份问卷调查中提取数据，寻找可以排列的维度。艾森克和卡特尔之间的争论是，怎样的抽象水平才能最好地描述人格中的个体差异。卡特尔决定使用16个因素，而艾森克则决定采用2个（后来是3个）因素。目前，心理测量学家通常会选择5个左右的因素。但是，毫无疑问，从这些特质理论中产生的人格图景，从不试图理解任何个人的行为。没有人试图去描述那些使人独一无二的行为动力模型的丰富性。这种特质理论的支持者坚持认为，研究人格的唯一科学方法就是，必须将人格限制在处理个体之间的核心差异上。

1968年，沃尔特·米歇尔（Walter Mischel）发起了对特质理论最具毁灭性的批评。沃尔特·米歇尔曾经和凯利一起就读于俄亥俄州立大学。沃尔特·米歇尔认为，特质理论的科学地位实际上比它看起来要弱得多。当在填写用于衡量特质的调查问卷时，研究者要求个体快速地对自己的行为作出总体评价。这与个体在复杂而微妙的情境因素起作用的情况下的实际行动有很大不同。在解释情境变量的力量时，沃尔特·米歇尔利用行为和认知实验心理学倡导所谓的"社会学习理论"（social learning theory）。但事实是，人们确实对自己的行为进行了总体评价。这是为什么呢？因为，沃尔特·米歇尔声称，即使在行为背后不存在类似于特质的实体，调查问卷确实也评估了一些东西。个体评估的是他关于自己的理论或印象。当有人问你是否宁愿去读一本书也不愿意去参加聚会，或者是否你经常头痛时，你的回答是基于你对自己的印象。你的回答通常不是建立在你做这类事情的频率的基础上（"频率"到底意味什么）。但如果调查问卷确实是这样做的，那么最好使用明确的方法来了解一个人关于他自己的理论——比如，凯利和他同事的个人建构方法。

对于临床医生来说，心理测量学家对人格的理解一点用都没有。知道蒂姆比大多数人都焦虑，而且知道他自认为自己在交际方面比一般人好，这可能很有趣，但是当我们想知道如何帮助蒂姆解决他的强迫症时，这些内容就没什么用了。蒂姆如何和别人比较并不是重点，心理治疗师想知道的是，蒂姆到底在焦虑什么，他是怎么看待事情的，他强迫症的表现是什么。当人们觉得自己无法应对生活时，而不是发现自己在人格测试中比平均分高出两个标准差时，人们才会寻求心理治疗帮助。正是临床医生最感兴趣的这些内容，被艾森克和卡特尔排除在人格的科学研究之外。[1] 因此，临床医生使用了他们自己的人格理论，他们发现这些人格理论对帮助人们改变或适应生活很有用。

大概在比纳忙于智商测试的同时，弗洛伊德（Sigmund Freud）发展了精神分析（psychoanalysis）。[2] 精神分析包括治疗方法和支持精神分析的人类发展理论。在 19 世纪末，医学已经成为一个地位很高的职业，医学的新分支——精神病学重新将精神疾病——精神错乱和癫狂状态定义为一种疾病形式。像弗洛伊德这样的医生发展了他们自己的心理学理论，以便解释神经症（一种较轻且很少致残的精神疾病）。当然，这些神经症和那些用来解释它们的心理学理论一样，被认为是发现而不是建构。证据来自一系列个案研究。这些建构的成果是精神分析学家（那些接受弗洛伊德精神分析学说训练的临床医生）

7

---

[1] 即便如此，艾森克还是早期行为主义疗法的热心支持者，并在英国大力推广沃尔普（Joseph Wolpe）的工作。

[2] ［英］理查德·史蒂文斯.（2023）. *西格蒙德·弗洛伊德：潜意识的探索者*. 上海：上海教育出版社.

发现他们在治疗患者时很有用的那些内容。精神分析理论是治疗的基础。从行为主义和精神分析的对比来看，二者的区别再明显不过了。行为主义是以实验室为基础的，它关注的是可观察到的表面行为；精神分析是推测性的，以诊所为基础，是关于深层次的、埋藏着的冲动和充满禁忌的身体的理论。

在尘暴区的心理治疗

想象一下凯利在 1931 年所处的地位。凯利在读心理学博士时专注于失语症及其生理心理学解释，这是一个非常专业的教育心理学领域。凯利在堪萨斯州的海斯堡学院得到一份工作。他的工作包括为堪萨斯州西部的学校提供心理服务。这是一个很大的区域，凯利和他的几个学生一起住在一个流动诊所里。这是心理学的先锋时期，凯利习惯了这种先锋的态度——他自己的家庭是最后一批坐着带篷马车西行的人。指导和心理服务工作不像今天这样规定明确。凯利的工作后来被他形容为在小孩和成年人身上完成令人心碎的心理治疗任务，这肯定有很多令人心碎的时刻。1929 年，美国处在股票市场崩溃后的大萧条期。堪萨斯州很快就变成一个被称为"尘暴区"的地方。集约化农业以及景观变化，导致风刮走了农作物生长的表层土壤。20 世纪 30 年代初的干旱加剧了这种状况。当地经济赖以生存的农业崩溃了。没有健康和社会保障安全网，到处都是饥饿和贫穷的人们。这就是斯坦贝克（John Steinbeck）的戏剧《愤怒的葡萄》（*Grapes of Wrath*）的背景。一群人背井离乡，准备为了食物做任何事。

处于萌芽阶段的心理治疗师有哪些资源？正统的行为主义心理学和与之并驾齐驱的弗洛伊德的精神分析是心理治疗师唯一的选择。凯利只字未提心理测量学，心理测量学的成果要在 20 年后才正式问世。凯利对弗洛伊德的理论无感，这一点儿都不让人惊讶。凯利读弗洛伊德作品的时候带着"一种越来越强烈的怀疑情绪，认为任何人都能写出如此胡说八道的东西，更不用说发表了"。① 这很明确地告诉我们，这两个人之间存在巨大的文化鸿沟。在奥匈帝国末期，弗洛伊德在国际化的维也纳备受推崇。弗洛伊德经历了第一次世界大战，并失去了亲爱的朋友和亲人。奥地利的经济已经崩溃，弗洛伊德用精神分析换一袋袋的蔬菜，反犹太主义已经席卷欧洲。在许多方面，像弗洛伊德这样的现代主义思想家的希望已经破灭了。难怪弗洛伊德写的是绝望、死本能和自我毁灭的冲动。凯利来自美国西南部的农村。虽然南北战争对堪萨斯州造成严重影响，但这对凯利而言已是几十年前的事了。在大萧条之前，美国经济一直很繁荣。开拓精神得到鼓励，而缺少当时在欧洲文献中流行的潜意识观念。主流的哲学不是尼采（Friedrich Nietzsche）的存在主义（existentialism），而是詹姆斯和杜威的实用主义（见第二章）。精神分析建立在对历史的反映和关注上。凯利所在的社会和世界强调的是行为和对未来的展望。

　　如果精神分析没有给凯利指明方向的话，早期的行为主义就更没有什么可以提供的了。这是一个刺激—反应理论的时代。精神分析的深度分析随处可见，行为主义却什么都看不到。行为主义认为，行为才是最重要的，行为仅仅是由作用于生物体（即人！）的条件刺激引起的。凯利讽刺了这两种不同的方法，称它们为"推和拉的动机理论"（push and pull theories of motivation）。② 精神分析把行为看作是推动人前进的深层力

① Kelly, G. A. (1969). Clinical psychology and personality. In B. Maher (Ed.). *The Selected Papers of George Kelly*. New Jersey: John Wiley & Sons, p.47.
② Kelly, G. A. (1969). *Man's construction of his alternatives*. In B. Maher (Ed.). *The Selected Papers of George Kelly*. New Jersey: John Wiley & Sons.

量的产物。行为主义提出了一个"空心人"的概念，即被环境中这种或那种力量牵引的人。行为主义者分享的是这样一种信念：人是由某种力量或其他什么力量决定的。与这两种说法相反，凯利声称个人建构理论是"处于中间的那个傻瓜"。即使在赤贫时期，凯利也见证了非凡的个人创造力，他看到动机的概念毫无用处。没有必要寻找引起人的行为以及"有活力的行为"背后的内在或外在因素。人们总是忙于某个项目；他们已经是他们所说的"一种运动形式"。① 问题是：以他们的观点来看，他们到底正在做什么？毫无疑问，与主张刺激—反应的行为主义相比，个人建构理论与精神分析的共同点要多得多。凯利承认他又回头阅读弗洛伊德的著作。很快，"即使没有接受精神分析的训练，至少也被劝服了"，凯利成为一名弗洛伊德主义者。② 他意识到弗洛伊德的智慧，尽管他们的年龄和文化都不相同。凯利可以看出弗洛伊德是如何与痛苦作斗争的，现在，弗洛伊德的作品也有了意义。

这种转变导致一些奇怪的做法。在没有训练或监督的情况下，凯利不得不尽其所能对待他的来访者群体，因为他们与弗洛伊德的来访者群体不同。凯利的目标是对来访者进行解释，以促进来访者的洞察力。奇怪的是，凯利发现人们非常喜欢这种解释。事实上，这很快就超过他给出解释的能力。尽管如此，人们似乎觉得解释很有用，而且解释确实很有帮助。到底发生了什么？凯利发现，是来访者而不是治疗师在给出解释。无论你如何教别人，学习都是通过个体的解释系统吸收的。治疗师为个体提供了所谓的解释，来访者必须理解这种解释才

① Kelly, G. A. (1955). *The Psychology of Personal Constructs*. London: Routledge, p.48.
② Kelly, G. A. (1969). Clinical psychology and personality. In B. Maher (Ed.). *The Selected Papers of George Kelly*. New Jersey: John Wiley & Sons, p.51.

行。来访者理解的解释才是重要的。这听起来显而易见，但我们都太习惯于认为，是发生在人们身上的事情（在这种情况下是治疗师听到的解释）塑造了他们。然而，事实并非如此，学习不仅仅是接受的过程，更是积极解释的过程。虽然凯利意识到自己缺乏弗洛伊德精神分析疗法的专业知识，但是他仍然继续为来访者提供解释。有些解释是非常"非理性的"，但是它们似乎也有治疗的作用。也就是说，凯利尝试用新的视角、新的角度或新的什么的东西来为来访者提供探索未来的方法。这种对未来行为的强调也被其他一些因素强化。凯利的来访者并不是可以定期支付个人治疗费用的有钱人。排队候诊的人很多，凯利也不接受私人来访者。在面谈结束后，凯利会给他的来访者提供一些建议和练习，直到下次他们在合适的时间见面。一次又一次，凯利发现他的来访者经常报告他们不再需要帮助，而凯利所做的只是给他们一个新的视角，使他们能够适应他们的生活。现在，可能有人会提出这样的疑问，即这些来访者的心理困扰可能并不严重，当然也并不是所有人都有这样的结果。然而，事实上，很多来访者确实让凯利思考了整个治疗性事业。人们不是被动接受治疗的接受者，他们是活跃的，总是前进的，并且愿意尝试一些东西。治疗师的工作是帮助他们朝着正确的方向前进。

个人建构心理学

我们这里谈的是一种产生人格理论的治疗性实践。就像弗洛伊德（以及后来的罗杰斯等人）一样，凯利的人格理论产生于心理治疗实践。临床实践是理论的沃土，这一点毫不让人惊讶。在这里，人们会发现他们在一个问题上是怎样思考、感受和行动的。为什么我们要坚持做弄巧成拙的事？为什么别人能摆脱的事情却让我们感到焦虑或沮丧呢？当我们无法理解自己的时候，这些问题对我们来说是非常重要的。它们让我们感到沮丧，并且它们让我们需要帮助。有时人们声称我们不能将从所谓的神经症患者身上得到的经验泛化到日常生活中。但凯利的观点则恰恰相反：

> 我并不是说特殊的人的本性是人的本性。我想说的是，在特殊的时刻，在心理治疗的过程中显露出来的就是人的本性。①

　　现实中，并没有把人分为正常人和神经症患者。相反，我们应该认识到，大多数人都有神经症的经历。通常，心理健康专家认为，神经症患者的经历与正常人的经历只是量的不同，没有质的差异。我们都知道焦虑或沮丧是什么感觉。当这种感觉严重影响我们的生活，或者当我们感到比平时更焦虑或更沮丧时，我们可能会考虑寻求心理治疗或心理咨询的帮助。
　　我们很容易看到潜意识的力量，它会在我们的背后起作用，迫使我们违背自己的意愿来作出一些行为或举动。每个人都熟悉本我、自我和超我的术语，它们可以追溯到弗洛伊德。弗洛伊德谈到，有两种人们觉得不用对自己的经历负责的方式，有两种人们拒绝对其负责的方式。第一种方式是当我们感觉自己被一个比我们更强大的力量（本我）驱使的时候。也许我们在反思的时候会感到憎恨和愤怒，因为它让我们感到羞愧。我们可能会说："这个人不是我。"第二种方式是当我们在良心支配下感到不安的时候，也许它会迫使我们通过强迫性清

---

① Kelly, G. A. (1969). Clinical psychology and personality. In B. Maher (Ed.). *The Selected Papers of George Kelly*. New Jersey: John Wiley & Sons, p.214.

洗或其他的仪式来安抚自己。弗洛伊德的观点是，潜意识力量使个人的责任变得复杂。弗洛伊德的理论被称为心理动力学是因为它建立在这一假设上，即一个人的不同方面彼此冲突。但是，凯利的想法并没有把凯利带到潜意识动力的方向上。

1946 年，凯利在俄亥俄州立大学任心理学教授和临床心理学项目主任。在堪萨斯州，凯利一直在观察和记录他的临床实践。这些内容被他写进《个人建构心理学》第二卷。在俄亥俄州，凯利开始明确阐述这一实践的理论基础。他在开篇谈到，从几个世纪以来人类进步的角度来理解人类也许是最好的。因此，我们可以像精神分析那样，试着在压抑的欲望和冲动中理解人性。例如，我们可以看到智慧行为背后本我和超我的运作方式。这个公式没有错，但是对与错的维度是不适合用在这里的。每个建构维度都有一个适用范围（range of convenience），一个恰当应用该建构的范围。问题是什么时候可以适当地应用该建构？什么时候该建构是有用的？凯利的观点是，当考虑到人类的进步时，把注意力集中在人们尝试想做的事情上要比集中在人们不想做的事上更有用。如果约翰把所有的时间都花在制作复杂的模型上，那么我们更应该担忧他在模型制作而非工作或经济方面的情况。约翰也在做一些事情，发明他想发明的东西，并为自己设定新的标准。凯利将进步与科学等同起来。凯利受过数学教育和工程学教育。核裂变、抗生素和喷气发动机的发明都是 20 世纪 40 年代的科学成果。当然，所有的科学家都是人，每个人都可能是环境、艰难的恋母情结和强烈欲望的受害者，但这没有影响他们的科学活动。也许最好的科学是通过强迫症或抑郁症完成的，但是那又怎样？关注一位伟大的艺术家的艺术作品，比关注他的政治主张更可取。凯利认为，专注于人们的积极方面比只关注人们如何分裂自己更有治疗可能。

12

就像所有的科学家都是人，所有的人都可以被认为是初级的科学家。专业的科学家完善并发展了个体思想和行为的模式。每个人都有自己的理论、计划和目标，我们通过实验来测试自己或他人的理论、计划和目标。我们可能不像专业的科学家那样有条理，但每个人的心理构成中都有科学努力的精髓。凯利介绍了他关于新教（Protestantism）改革的中心主题"人类科学家"。早期的新教教徒认为，牧师不是那种能把上帝的话语引导到凡人的特殊类型的人。相反，他们认为，每个人都应该是自己的牧师。没有必要不加批判地相信任何正统观念或公认的智慧。传统的心理治疗强调了相互理解和洞察的重要性。正如我们所看到的，凯利相信个体同样是被个体的行动和承诺塑造的人。将人看成初级的科学家会使我们以不同的方式看待人的行为。他们会做怎样的实验？他们得出了什么结论？此外，将人看成初级的科学家也会使我们关注人的行为：他在做什么？行动将他塑造成什么样的人？他拥有怎样的想法和感受？每个人都可以通过不同的行为成为不同的人，但这不是刺激—反应（S—R）的行为主义，行为主义并没有"一切都与行为有关"的专利。凯利对行为的理解基于一个非常不同的传统，即实用主义传统（见第二章）。华生的行为主义将刺激—反应作为人类行为的范式。当光照射到眼睛里时，瞳孔就会收缩。这里面没有任何意识成分，没有必要思考这种行为。当刺激出现时，反应就会自动发生。华生利用巴甫洛夫的狗的实验证明，人类的行为是由条件反射组成的。人们可以在被批评的时候进行反击，因为暴力是对批评的条件性反射。这是一个模式，在没有意识的情况下，先前的条件产生结果。这里面没有思考，也没有责任。

当行为是一种实验而不是盲目执行的行为反应时，我们必须重新解释行为。当你拥有一个新的角色——可能是母亲、教师或者商店售货员时，这总是涉及实验。在特殊的社会职位中扮演的角色有关于适当行为的建议。我们见过不同类型的母亲、教师或商店售货员，并且知道世界上不止一种类型的母亲、教师或商店售货员。因此，在一个新的角色中，我们试图在我们扮演的角色和自我形象或自我理论（self theory）之间找到某种契合。起初，这个角色似乎有些奇怪。我们会刻意尝试不同的行为，看看哪些可行，哪些不可行。但是很快，当人们讨论母亲的本能和天生的教师时，这一切都变得非常自然——有时候太自然了，但这就是学习。当我们进行新的冒险时，我们会发现我们自己也在其中成就自己。凯利对方法派的表演及其关于角色的看法印象深刻。在个人建构理论之前，凯利甚至考虑将他的新理论称为角色理论（role theory）。没有将他的理论称为角色理论的一个原因是，凯利认为，角色的概念很容易被人误解。

社会学有两个独立的角色理论。结构角色理论（structure role theory）认为，角色是一种约定俗成的概念。对于某个社会角色来说，得体的行为就像一个你可以占有或离开的位置，但是对于角色扮演者来说，没有多少选择余地。行为是否得体，社会有决定权和最终的发言权，而不管你是否喜欢。当凯利进行社会学研究时（凯利获得爱丁堡大学教育社会学硕士学位），结构角色理论是社会学的主流学说。然而，在20世纪30年代，一个不同版本的角色理论开始在芝加哥大学崭露头角。这是乔治·米德及其门徒——符号互动论者（symbolic interactionists）的产物（见第二章）。对于乔治·米德来说，角色是个人在与他人交往过程中形成的。最重要的是，在角色形成过程中，你要把自己放在一个与他人互动的位置，这样你就可以调整自己的行为。凯利阐述的正是后一种角色理论。他认为有两种对待他人的方法。一种是早期行为主义者认为正常的方式，即将他人视为"行为的人体模型"。凯利声称，只有精神病患者这样做。另一种是道德的方式，即根据他人对事物的看法行事。换句话说，要把他人的想法和感觉考虑进去。注意到在个人建构理论中存在这种道德要求是非常重要的。但是，个人建构理论主要关注的是治疗。凯利清楚地阐明了这一点："我们关心的是找到帮助一个人重建生活的方法，让他不必成为过去的牺牲品。"① 凯利也想要一种承载他的基督教价值观的心理学，即像我们希望被对待的那样对待他人。

因此，在这里我们概述一下个人建构心理学。个人建构心理学认为，看待事物的方式有很多，不能简单地将它们分为正确的和不正确的。凯利理解人格的方式旨在帮助人们理解并控制他们的生活。有不止一种方法可以做到这一点，我们能做的最好的方法就是用方法的有用性来评价方法。凯利认为思考人们正在做什么是最有帮助的。他在忙什么？他的人生规划是什么？我们做的事总是充满意义，我们应该寻找每件事被赋予的意义。人格的关键在于一个人的观点，每个人都像一个科学家，有自己的理论来帮助他和生活谈判。一个人的人格不仅仅是他经历的事情的结果，也是他解释（或个人建构）和行为承诺的产物。

总之，凯利的理论是实用主义的、现象学的和人本主义的。凯利的理论是实用主义的，因为凯利不主张真理，他的目标是发展一种观察人的有用的方法，当人们有心理困难时，这种方法可以帮助人们。凯利的理论是现象学的，因为凯利认为只有从来访者的视角看待事物才能帮助他们。凯利的理论是人本主义的，因为凯利声称人是主动的人，最终要对生活中的选

---

① Kelly, G. A. (1955). *The Psychology of Personal Constructs*. London: Routledge, p.23.

择负责。这种对选择的强调使得凯利的理论被称为存在主义理论。第二章到第五章将依次讨论个人建构理论的每一个方面。第六章将考虑如何在实践中进行心理改变与重建。第七章将对潜意识概念进行反思——个人建构理论是否因为不涉及潜意识概念，所以它用途有限？第八章将分析凯利对当前心理学思想和人格理论的贡献。

15

第二章　一种实用主义理论

　　在本章中，笔者将介绍实用主义的背景，这是凯利个人建构理论的基础。笔者将介绍早期实用主义者的作品。要充分认识个人建构理论，了解凯利成长的文化背景很重要，这是因为每个人在某种程度上都是所处的时代和文化的产物。由于心理学学科的个人主义天性，心理学家通常并不认同文化对个体的影响。然而，凯利却认识到文化对个体的重要影响，在凯利1955年写的关于文化的早期作品中体现了这一点。凯利在堪萨斯州的农村工作时发现，有必要了解来访者的文化环境。凯利认为，与我们自己相比，别人更容易看到我们身上的文化印迹。例如，别人说话有口音，我们可以轻易辨别出来，然而我们却听不出自己的口音。当然，当我们处于一个不同的群体时，我们会发现自己的口音很明显。就像鱼儿看不见水一样，文化也会融入我们的生活背景中。文化因素变得如此自然。我们倾向于认为，我们做事的方式就是正确的方式，甚至是唯一的方式。

　　虽然每个人都是独一无二的，但是我们默默吸收文化环境，而不必意识到文化环境对我们思维方式的促进和限制作用。① 当然，说每个人都是其所处文化环境的产物，并不

---

① Berger, P. & Luckmann, T. (1967). *The Social Construction of Reality*. Harrnondsworth: Penguin.

是说在任何意义上人都是由文化环境决定的。显然，每个人都是不一样的，人格理论关注个体的独特性。然而，社会的文化环境先于它的个体成员。个体出生在一个个体习以为常的社会世界，个体的生活方式因从一个社会转到另一个社会而丰富多彩。自然因素和文化环境因素以不可分割的方式交织在一起。例如，每个人为了生存不得不吃饭，但是在不同的年代和不同的地方，人们吃什么、吃的方式和吃饭的仪式是不一样的。你只需去一家国际酒店，看看当代不同地区的欧洲人早餐吃什么，你就可以了解这一点。个体的价值观，甚至内心的反应对个体来说似乎都是自然而然的，但它们不可避免有很多文化成分。正如你在第一章已经看到的，凯利显然熟读杜威的作品，杜威是美国实用主义发展的领军人物。凯利写道："可以从许多个人建构心理学的字里行间解读出杜威的哲学和心理学来。"[1]与早期行为主义的逻辑实证主义不同，作为一项科学贡献，实用主义提供了一种不同的观点。

　　实用主义是19世纪末20世纪初在美国兴起的一种哲学运动。这一时期与实用主义联系最紧密的名字是皮尔斯（Charles Peirce）、詹姆斯、杜威和乔治·米德。现在，我们经常把实用主义和原则性进行对比。当我们说一个政治家是实用主义的，我们的意思其实是说他只关心什么在短期内有效，而不涉及价值观或原因，所以现在"实用主义"这个词被它如今的使用方式污染了。但实用主义哲学家并没有以这种方式将理论与实践分开。事实上，他们坚持认为原因总是与实际目的联系在一起的，而实践总是与理论密切关联在一起的。任何人的行事方式

17

---

[1] Kelly, G. A. (1955). *The Psychology of Personal Constructs*. London: Routledge, p.154.

都有其背后的原因和理论。杜威 ① 引用了皮尔斯的思想，将他的"心理的实验方法"概括为实用主义的方法。这种实验方法不完全依靠归纳（在特殊案例基础上推断一般规律）或演绎（理论决定研究内容），而强调溯因（abduction）。溯因是一种在归纳（induction）和演绎（deduction）之间循环的开放方法。实验者在经验的基础上发展理论，然后在实践中检验和修正理论。我们可以直接看到个人建构理论的发展方式是典型的实用主义的。个人建构理论作为一种理解人们心理困扰和不安的方法，出现在临床实践中。

18

　　人格理论是由临床医生提出的，这常被看作是人格理论的一个缺点。据说人格理论是建立在特殊情境下没有代表性的样本基础上的。我们经常听到有人说，弗洛伊德精神分析学说是建立在 19 世纪维也纳少量神经症女性的基础上的，这是该理论的缺点。但对凯利来说，这是一种优点，而不是缺点。正如我们在第一章看到的，凯利认为人的本性是在特殊时刻——那些在心理治疗中暴露出来的时刻显现出来的。他继续说道：

> 　　正是因为这个原因，我不想成为一名应用心理学家，也不同意人类在从众情况下的反应平均值是衡量人类基本本性的合适标准。因为同意这个原则就是同意关于人的心理学是规范和统计平常人的心理学。②

　　因此，没有纯粹的心理学理论。心理学理论在实验室里产生，然后在实践中应用。心理学理论的应用——心理学实践为

---

① Dewey, J. (1931). *Philosophy and Civilization*. New York: Minton, Balch & Co.

② Kelly, G. A. (1969). Clinical psychology and personality. In B. Maher (Ed.). *The Selected Papers of George Kelly*. New Jersey: John Wiley & Sons, p.214.

人们提供了名副其实的理论。

在一本追溯实用主义历史的优秀著作中，梅南（L. Menand）① 将实用主义的起源追溯到南北战争（1861—1865）结束之时。梅南认为，南北战争给美国留下的幻灭和文化鸿沟相当于第一次世界大战给欧洲以及 20 世纪 70 年代的越南战争给美国留下的幻灭和文化鸿沟。在每一种情况下，战争都使人们质疑战前流行的社会生活的基本假设。每一场冲突是如此令人不安，以至于它的影响在冲突之后很长一段时间都能感觉到，因为以前认为理所当然的生活的各个方面都被动摇了。就南北战争而言，南部各州的奴隶经济被摧毁，北部工业资本主义在全美建立起来。但战争的屠杀和破坏是如此之大，以至于之前被视为真理和确定性的东西现在却成了问题。实用主义就是在这种社会环境下扎根的。动荡的时代呼唤理论的变革，实用主义的一个核心特征是质疑公认真理。它对任何教条都持怀疑态度，坚称任何理论都是基于实践的，必须有一些人类利益来支持它。因此，就对实践的影响而言，实用主义要求任何想法都要有金钱价值。

梅南通过四个人的生活历程来追溯实用主义的发展，这四个人都是所谓的"形而上学俱乐部"（Metaphysical Club）的成员，正是这个俱乐部发起了实用主义运动。这四个人分别是莱文德尔-霍姆斯（Oliver Wendel-Holmes）、皮尔斯、詹姆斯和杜威。这场实用主义运动的背后是没有中心教义的，而且事实上，不同的名字——实效主义（pragmaticism）、工具主义（instrumentalism）和实用主义（pragmatism）带来了不同的版本。虽然这四个人持有的观点非常不同，但是梅南认为，在他们观点背后隐含的新兴哲学在美国文化生活中流行起来。在

19

① Menand, L. (2002). *The Metaphysical Club.* London: Flamingo.

教育、艺术、哲学、社会学还有心理学中，我们都可以看到他们思想的影响。梅南认为，他们的共同点并不是一个单一的思想，而是一个关于思想的思想：

> 他们都相信，思想并不是藏在某个地方等你去发现的东西。他们认为，思想像工具，像刀叉和微芯片一样，是人们为适应他们所处世界而创造的。他们相信，思想不是由个人产生的，而是由个体组成的群体产生的，即思想是社会性的。他们认为，思想的发展并不是按照自身的某种内在逻辑进行的，而是像细菌一样完全依赖于它们的人类携带者和环境。他们相信，思想是对特定的和不可复制的环境的临时反应，因此思想的存活并不取决于它们的不变性，而是取决于它们的适应性。①

这是对实用主义的一个很好总结，但是引用的内容太凝缩，需要进一步解释。思想像工具，这种说法意味着什么？为什么思想是社会性的而不是由个人产生的？现在，我将更详细介绍实用主义在三个领域的表现：科学知识（scientific knowledge）的地位、心理学，以及个人和社会世界的关系。

科学知识的地位

大多数人认为在他们的日常生活中有一个真实的世界"在那里"，这个世界与他们是分开的。这对我们来说是多么显而易见以致我们从不质疑它，我们可以通过不同的感官——触觉、视觉、听觉、味觉和嗅觉获得关于真实世界的信息。然

---

① Menand, L. (2002). *The Metaphysical Club*. London: Flamingo, pp.xi–xii.

而，有时我们的感觉不够敏锐或敏感。我们看不见很小或很远的物体。我们可能会被幻觉或错觉误导，或者被不具代表性的抽样误导，只有科学实验才能为我们提供特有的无可辩驳的知识。尽管在我们看来地球是平的，太阳在天空中移动，但科学实验却告诉我们，事实并非如此。无论是通过感觉，还是通过科学实验，知识永远是发现。当我们在广播或电视上听到或看到科学家接受采访时，我们经常听到或看到他们用"我们现在知道……"来介绍他们的思想，就好像科学家的实验和观察发现了"一些以前隐藏在自然界中的真相"。现在的证据表明，人们过去的想法是错误的，现在已经发现真相了。

20

　　然而，实用主义者认为，知识不仅仅是发现，还是发明和建构。事实并不像隐藏的硬币一样，等着被人发现。我们只能在特定理论的"探照灯"下才能把知识和事实辨别出来。只有当我们知道我们在寻找什么时，我们才知道我们已经找到什么。我们发明金属探测器正是因为我们给它们探测到的东西赋予了价值，我们提出了微生物理论，发明和发现了抗生素，是因为抗生素能帮助我们控制疾病和死亡。因此，建构和发现在科学进步中都很重要。科学之所以成为一项享有盛誉的活动，是因为它给人类带来了巨大的利益。我们只需要记住黑死病的肆虐或者想想在麻醉药发明之前手术是什么样子的，就可以理解这一点。凯利把进步等同于科学：

　　　　（个人建构理论依据的）对人类的长期看法引导我们将注意力转向那些似乎可以解释人类进步的因素，而不是那些背叛人类的冲动（精神分析的基础）。在很大程度上——虽然不是全部——人类进步的蓝图被贴上"科学"的标签。那么，我们不要把自己沉浸在人类是生物有机体或者人类只是幸运的家伙这种想法里，而要把人类当作科学家。①

　　看待科学发现的传统方式并没有捕捉到科学家追求科学目标的激情和承诺。就好像科学家是冷静、理性的观察者，只是碰巧发现了一些事实，就把其他一切抛到九霄云外。当我们收集新的证据的时候，知识就会进步。与建构替换论相比，凯利称这个策略为累积碎片主义（accumulative fragmentalism）。累积碎片主义有两个独立但相关的问题。首先，它误导我们认为我们已经一次性发现了所有的真理。詹姆斯在哲学里引入多元主义（pluralism）的观点，对于一个问题，总是有不同的观点（在多元主义中可以看到建构替换论的先驱）。任何科学的努力都不是冷静客观的，而是为了某些人的利益。其次，它忽略了任何观点都有凯利所说的适用范围，超出这个范围就不适用这件事。因此，17世纪形成的牛顿力学，在大多数日常生活中都很适用。无论是搭建书架、建造桥梁，还是设计摩天大楼，牛顿力学都会给予很好的解释和指导。然而，爱因斯坦关于弯曲时空的概念对于解释宇宙层面的事件是必要的，并且把电子想象成波而不是粒子对于理解亚原子粒子至关重要。量子力学理论不能证明爱因斯坦是错的，就像爱因斯坦的理论不能反驳牛顿的观点一样。但是，如果我们要制造21世纪的微芯片和发展计算机技术，我们就必须把我们曾经认为是粒子的东西看作是波。我们可以从詹姆斯的作品中看到这一点，知识的进步不是来自累积碎片主义，而是来自另一种方式，即采用另一种建构，这种建构让我们对事物有了新的视角和新的把握。正如梅南所说："思想像工具，像刀叉和微芯片一样，是人们为适应

---

① Kelly, G. A. (1955). *The Psychology of Personal Constructs*. London: Routledge, p.4.

他们所处世界而创造的。"

　　如果科学不是纯粹的发现，那么我们就不得不质疑将人与世界简单分离的做法。有一个真实的世界等着被发现的假设，有时被称为现实主义哲学，该哲学与建构主义，即实用主义认为知识包括发现和发明形成鲜明对比。梅南认为，思想的发展"像细菌一样完全依赖于它们的人类携带者和环境"，强调了在理解世界方面的相互作用。正是一个人与他所处环境之间的互动决定了一个想法的有效性。精神与身体的分离、思想与行为的分离、自我与社会的分离已成为日常生活和传统科学中公认的事实。实用主义者，尤其是杜威，致力于反对这种二元论（dualism）。不加批判地接受二元论导致心理学上提出了许多没用的问题。例如，思想是如何转化为行动的，个人是否比社会更重要，情绪主要是心理上的还是生理上的。

心理学

　　在实用主义者著书立说的时代，生理学、心理学和社会学作为独立的学科出现了。我们现在认为这些学科的分离是理所当然的。事实上，杜威和乔治·米德任教的芝加哥大学是对社会科学的分裂影响最大的重要大学之一。如果你今天对许多心理学家提起米德这个名字，他们会问你是不是指社会人类学家玛格丽特·米德（Margaret Mead）。乔治·米德在当代心理学中知名度较低，这可能是因为他被认为是一名社会学家或哲学家。现在，华生当然是公认的心理学家，但他在芝加哥大学时曾是乔治·米德的学生。然而，当哲学系分裂时，一个致力于实验心理学的新系成立了，华生站在了这个新系的最前沿。这种新心理学是对乔治·米德那种类型的心理学的一种反对。由于历史是由胜利者书写的，而行为主义在接下来的 50 年里一直占据心理学的主流，因此乔治·米德非常明确地被定义成"非心理学"的人物。布卢默（Herbert Blumer）[①] 在社会学中保留和修正了乔治·米德的思想，并将其作为布卢默符号互动主义（symbolic interactionism）的基础。有趣的是，社会学机构认为，这些微观社会学家的工作是"社会心理学"的，它集中于个体的意义形成以及个体如何沟通和理解彼此，它的关注点是心理学的，它与 20 世纪中期社会心理学的不同之处在于它的风格和方法论。

　　凯利在 1955 年提出的基本假设中坚持认为，尽管他会从心理学的角度（而不是社会学或生理学的角度）观察人，但不应该认为分别存在心理学、生理学和社会学的事实。相反，要根据对某种特定目的的效用来判断从哪个角度来看待人。"心理学"代表的是一个构念，而不是一个事件。与杜威的思想一样，凯利也反对将人分为认知、情感和行为的功能。像传统心理学那样，用认知、情感和行为这些术语来思考人有时可能会有用，但这最终只是一种策略。重要的是，我们要理解凯利的立场是多么不同寻常。在那个时代，心理学正积极宣称自己掌握的是心理学的事实。然而，与杜威的观点相呼应的是，凯利在自我理论中为传统科学方法保留了一席之地。个人建构理论认为，心理的实验方法是人类思维的典范——把人类当作科学家。对于实用主义者来说，科学不是由内容而是由方法来定义的。我们不能根据物理、社会历史或心理学的研究内容来判断它们是不是科学，定义科学的是科学家采取的怀疑的实验态度。

　　杜威认为，心理学家在 19 世纪末所犯的错误是寻找支配行为的合理的因果关系，自然科学通过建立可以进行有价值的预测和控制的因果解释而获得了很高的地位。尽管如此，皮尔

[①]　Blumer, H. (1969). *Symbolic Interactionism*. Englewood Cliffs, NJ: Prentice-Hall.

斯坚持认为，偶然事件总是破坏了对宇宙的确定性看法。当
然，杜威认为，在心理学中，个人的能动作用而不是反射弧对
人类的行为负责。早期的行为主义作为心理学的一个派别是建
立在条件反射基础上的，而杜威想要关注行为，即人的一致且
有目的行为。杜威举了一个例子，一个孩子被烛火吸引，但是
被烛火烫到后又退缩了。坚持刺激—反应的行为主义心理学把
烛火看作是一种刺激，把吸引和退缩的行为看作是一种反应。
但杜威认为，只有当刺激干扰一个人正在进行的行为并有效打
断一个人的感知时，刺激才成为刺激。烛火和孩子的反应不是
像刺激—反射那样的机械序列。相反，烛火对孩子来说是有意
义的，它似乎是值得孩子去探索的东西。在所有争夺注意力的
知觉领域事物中，烛火是一个引人注意的焦点。孩子摸烛火的
行为是一个探究过程，会导致疼痛和随后的行为。我们看到凯
利的观点是，行为永远不是因变量，不是由环境决定的。相
反，行为是一个自变量，是一个具体的问题。人是"一种运动
的形态"[1]，我们不需要解释行动流程，因为人总是在做事，总
是在忙于这个或那个项目。行为学家认为，刺激是环境中能以
这种或那种方式改变行为流动的那些方面。

个人和社会世界

在当代社会建构主义（social constructionism）和批判社会
心理学中，我们发现了许多对北美个人主义的批判。[2]有趣的
是，实用主义者声称，思想从一开始就是社会性的，而不仅仅

---

[1]　Kelly, G. A. (1955). *The Psychology of Personal Constructs*. London: Routledge, p.48.

[2]　这种批判指的是，正统社会心理学将个人视为社会原子，一个自由存在的实
体，与其他个体结合，形成不同类型的社会。

是个人的产物。与当代社会建构主义不同的是，实用主义者认为，个人具有一定程度的能动性和道德选择。人终究是一种社会产物，并不是在之前的社会中预先制成的。我们在杜威早期的作品中可以看到这一点，但对实用主义社会心理学贡献最大的是乔治·米德。塞耶（H. J. Thayer）[1]声称，杜威认为乔治·米德是美国最优秀的思想家之一，如果没有乔治·米德的影响，他无法想象自己的思想会发展成这样。

24   达尔文的著作对乔治·米德产生了巨大的影响。[2]人们常常错误地认为达尔文是第一个主张物种进化的人，但事实上，19世纪早期的很多科学家都提出过这种观点。达尔文的独特之处在于，他认为没有超自然的力量来规划和监督这种进化。达尔文女儿的死粉碎了达尔文的信仰，使达尔文可以自由地提出他以前认为是异端邪说的观点。没有什么超自然的力量和宏大的计划，决定进化进程的不是上帝，而是环境。偶然性和机遇与环境的要求相结合，产生了植物和动物的新变种。因此，适应性是进化的关键主题。这一论点对实用主义者的吸引力应该是明显的——也应该从思想和理论在环境中的作用来看待这些思想和理论。

使乔治·米德着迷的是有思想的个体——有意识的人类物种的进化。如今，我们可能在其他物种——海豚、黑猩猩和鹦鹉身上看到这些意识能力。但是在乔治·米德的时代，意识被视为人类独有的属性。与杜威一样，乔治·米德强烈反对笛卡儿的二元论。笛卡儿的二元论假设心灵是由与身体不同的物质组成的。乔治·米德区分了人类生命中重叠的三个系统，即身体系统、生命系统和精神系统。独特的人类经验品质嵌入在

① Thayer, H. (Ed.). (1982). *Pragmatism: The Classic Writings*. Indianapolis: Hackett.
② Farr, R. (1996). *The Roots of Modern Social Psychology*. Oxford: Blackwell.

生命的重要活动中，反过来，这些独特的人类经验品质根植于遵循物理秩序的物质。然而，我们不能把这误认为是还原论（reductionism），实际上恰恰相反。可以用这三个系统来解释有意识的人类行为，但要合理地理解有意识的人类行为，我们必须认识到这些有意识的人类行为突显的特性是无法用身体系统和生命系统来充分描述的。华生把反射弧作为他的行为单位的错误之处在于他试图做到这一点，即用身体系统或生命系统来描述有意识的人类行为。因此，做爱的体验根植于所有生命繁殖的必要性。当然，并不是所有人与人之间的性行为都是做爱。我们可以将性行为解释为"自私基因"的活动，这些自私基因利用它们的人类携带者使自己得以延续。[①] 就像建构既不是对的也不是错的一样。问题是，这是解释性爱的有用方式吗？答案是否定的，因为它根本无法捕捉到恋人的体验。如果我们关注这种体验，那么这样的解释是相对贫乏的。我们不能把情侣间的亲密互动仅仅看作是为了物种繁殖。虽然确实是为了繁殖物种，但却不只是为了这个。这就是凯利所说的心理建构的意思，心理建构与生理建构截然相反。意识及其所有结果具有涌现性，它们属于精神系统或人类秩序，根植于生命秩序，但不能被简化为生命秩序。乔治·米德将涌现性中的"涌现"定义为"事物在两个或两个以上不同系统中的存在，它在后一个系统中的存在改变了它在前一个或多个系统中的特性"。[②]

对乔治·米德来说，人类秩序本质上是社会性的，社会先于组成社会的个体。传统的社会心理学从作为社会原子的个体

① Dawkins, R. (1976). *The Selfish Gene*. Harmondsworth: Penguin.
② Rosenthal, S. B. & Bourgeois, P. L. (1991). *Mead and Merleau-Ponty: Toward a Common Vision*. Albany: State University of New York Press.

开始，个体在社会互动中聚集在一起形成社会。乔治·米德和其他实用主义者一样，有着相反的出发点。个体意识具有涌现性，由于意识在环境中的适应价值而不断进化。我们变得有意识并反思我们对他人的态度，因为这有助于我们预测。

> 我们意识到我们的态度，因为态度对其他人行为的变化负责。一个人对天气状况的反应对天气本身没有影响。一个人要想行为成功，不仅要意识到自己的态度和自己的反应习惯，还要意识到天气情况，是下雨还是晴天。成功的社会行为使人进入一个领域，在这个领域中，一个人对自己态度的觉知可以帮助他控制他人的行为。①

乔治·米德的立场被称为社会行为主义（social behaviourism）。社会行为主义与华生的行为主义截然不同，正如杜威的著作所表述的那样，社会行为主义明确强调行动，行动产生意义。"准备拿起或读一本书的感觉，越过沟渠的感觉，扔出一块石头的感觉，正是这些感觉让我们对书、沟渠和石头产生了意义感。"②

感觉和情感也是以行动为基础的，就像詹姆斯所说的那样：

> 我们会因为邻居攻击或防御的姿态而意识到邻居对我们的敌意态度。我们会因为我们自己的姿态（倾向于站在

---

① Mead, G. H. (1982). Social consciousness and the consciousness of meaning. In H. Thayer (Ed.). *Pragmatism: The Classic Writings*. Indianapolis: Hackett, p.348.

② Mead, G. H. (1982). Social consciousness and the consciousness of meaning. In H. Thayer (Ed.). *Pragmatism: The Classic Writings*. Indianapolis: Hackett, p.343.

这一边或那一边）而意识到我们别人的态度。①

通过合作，人类已经详细阐述了我们在其他物种中看到的身体语言。例如，在猫或狗身上，我们可以看到某个行为和姿态激发出的一种回应模式。咆哮或嚎叫会使动物的行为在对抗中升级，它们以一种不需要有意识反思的方式相互回应。人们已经进化出这种身体语言，这样人就能以一种更复杂的方式合作。我们邀请对方参与到一项合作事业中时，我们将面部表情、眼神交流和肢体动作结合在一起。对于一个被更强壮、装备更好的动物包围的物种来说，这种合作肯定是无价的。当我们开始设身处地为他人着想以便理解他人的行为时，意识就出现了。

但人不只通过手势交流，还通过通用的语言来传达极其复杂的信息。只要想想在字谜游戏中传达词语的困难，你就会发现语言意义是多么复杂，符号与所指之间没有自然的关系，它们之间的关系是相当随意的。"dog"（狗，英语）和"chien"（狗，法语）这两个词并不像图画那样代表真正的动物，而像"妒忌""嫉妒"和"抑郁"这类抽象名词表达的含义则更为微妙和复杂。此外，我们不只是用语言来描述这个世界，还用语言表达更复杂的意义。语言包含的东西远比给事物贴标签更多。我们说服、恳求、安抚、激怒和哄骗——这不仅在于我们说了什么，而且在于我们怎么说。在人类的交流中，手势和符号是结合在一起的。为了影响他人，从他人的角度来评估这个世界是有帮助的。正是因为乔治·米德扮演了"他人的角色"才被人们铭记，这也是凯利核心概念之———社会性的基础。

---

① Mead, G. H. (1982). Social consciousness and the consciousness of meaning. In H. Thayer (Ed.). *Pragmatism: The Classic Writings*. Indianapolis: Hackett. p.348.

社会性的概念强调透过他人的眼睛来看待事物以及理解他人所处的立场的重要性。凯利的理论主要用于临床实践。凯利通过治疗关系（therapeutic relationship）的例子，初步发展了个体的社会性理论。凯利的一个学生辛克尔（Denis Hinkle）指出，凯利认为，从很多方面来看，社会性都是他理论中的关键概念。[①]凯利的理论尝试说明和描述下述观点，即不应该把他人当作物体来看待，而应该把他人当作像我们自己一样的存在来理解。

关于人的心理学

　　实用主义是一种关于人的心理学。它不像行为主义那样，试图从老鼠和鸽子身上推断人的行为规律。实用主义关注的是整个人，而不是一些假设的驱力或内在动机。实用主义不分离行为、认知和情感。实用主义认为，行为、认知和情感在人类行为中都是统一的。实用主义强调人与人之间的互动，而不强调人的内心世界发生了什么。为了掌控我们的世界，我们开发适合我们的科学方法和词汇。正是通过这样的方式，科学才取得了如今的进步。世界上没有什么是不能描述和表达的。我们不应该将时间浪费在问哪个描述是正确的问题上。相反，我们应该接受，不同的描述对不同的目的有不同的用处。

　　所有这些原则都可以在《个人建构心理学》的开篇中看到。在《个人建构心理学》序言中，凯利告诉我们要为一种不同的心理学文本作好准备：

---

① Hinkle, D. (1970). The game of personal constructs. In D. Bannister (Ed.). *Perspectives in Personal Construct Theory.* London: Academic Press.

按照惯例，作者首先要表达对同行研究者研究的遗憾，然后再阐述他的理论。接着，作者从专业文献中引经据典。最后，作者说明他是如何很好地解决这个一直困扰他的问题的。①

凯利声称，他对其他理论没有意见。相反，他邀请读者进行一场理论冒险。凯利认为，读者不应该抛弃旧理论而支持新理论，即支持他的个人建构理论。相反，读者要尝试使用个人建构理论，并用该理论的实际意义来检验它是否合适。个人建构理论有用吗？我们可以立即看到凯利提出的个人建构理论的实用主义根源，以及凯利对建构替换论的使用。随后，凯利提出了个人建构理论的一个基本假设和十一个推论。在这里我们也许可以看到凯利接受的数学训练的影响。当然，凯利使用的词汇不是很好理解，这很可能是心理学家不能更广泛理解个人建构理论的原因之一。凯利提出的基本假设陈述了个人建构理论的基本前提，推论揭示了个人建构理论在许多不同领域中的含义。基本假设是这样的：

一个人预测事件的方式引导了他的心理过程。②

这里的每个词都经过了仔细斟酌和选择，我们可以通过与其他心理学术语的对比来更好地感受它们的力量。我们将在第三章中看到，凯利的基本分析单元——个人建构是依赖对比和两极性来阐明意义和行为的。因此，第一个要考虑的词是

① Kelly, G. A. (1955). *The Psychology of Personal Constructs*. London: Routledge. p.xiii.
② Kelly, G. A. (1955). *The Psychology of Personal Constructs*. London: Routledge. p.46.

"人"。心理学的大部分内容都与人拥有相同的心理过程（比如，注意力、学习和感知）有关。这是完全合理的，但个人建构理论是一种人格理论，因此涉及整个人的行为。此外，当凯利在 20 世纪 50 年代写作时，那时的很多心理学与人没有一点关系，老鼠和鸽子才是研究的重点。研究假定，当我们了解了动物基本的心理过程时，我们就可以把这些理论延伸到人身上。个人建构理论有一个不同的起点，它把整个人作为一个建构系统来关注。我们已经看到，凯利认为这是他的理论建立在临床基础上的一个优势，即在具有挑战性的环境中对个体进行研究。从个人建构理论的观点来看，认为对老鼠或鸽子的心理过程起作用的东西对理解人类有价值，这是一种没有根据的假设。格式塔心理学（Gestalt psychology）认为，整体并不等于部分之和。我们感兴趣的是特定人群的心理过程机制。

学术心理学说明了还原论的另一个方面，即还原论倾向于从不同的过程——认知、情感和行为——来考虑人。然后，大量的时间和精力花在找寻原因方面。行为主义认为，行为高于情感和认知，情感和认知是随行为而来的。认知心理学声称，个体处理信息的方式（认知）会引发个体的行为和情感。但凯利一开始就不想假设认知、情感和行为之间存在区别。当个体对某件事着迷或感兴趣时，在凯利看来，个体的整个生命似乎都投注在这件事上了。将认知、情感和行动分离开来是经验的一种抽象，凯利指的是"一个人的整体过程"，这一整体过程不是由任何原因引起的，没有决定性的因果特征能预知个体对事件的反应。相反，个体被"引导"了。当个体是一种运动形式时，个体总是在做某事，总是忙于这个或那个项目。只要人活着，人就在让事情变得有意义。凯利拒绝使用动机的力量，他说，其他理论与行为的推动力与引导力有关，认为环境中的刺激或我们内心深处的力量对我们的反应方式负责。但凯利认为，不应该把行动当作反应。在正统心理学中，"行为"和"反应"已成为同义词，因为简单的动物行为已成为分析的单位，复杂的人类行为正是建立在这个分析单位之上的。正如我们所知，杜威曾警告过，不能这样做。人的心理过程与其说是反应，不如说是预期的指标。基于经验，个体建立假设的世界，并采取相应的行动。

因此，不能认为人类的行为是由刺激决定的。但这并不意味着每个人都在某个私人的梦境中，不受周围事件的影响。世界影响着人们，但不是以一种原始的决定论（determinism）的方式。个体认知、情感和行为的方式并不取决于发生在个体身上的事情。凯利肯定会对当今世界感到非常不舒服，因为当今世界鼓励人们扮演受害者的角色，认为自己受到虐待、欺凌和骚扰。"我们关心的是找到帮助一个人重建生活的方法，让他不必成为过去的牺牲品。"当然，世界影响着人们，但这种影响总是受每个人建构世界的特定方式调节。重要的是建构事件的方式。这就是现象学方法的意思，这也是我们在第三章将要讨论的。

29

第三章　个人建构和意义

第二次世界大战结束后，凯利在俄亥俄州立大学担任教授，并开始撰写两卷本的《个人建构心理学》这本书。凯利在这本书中提出他的观点。在序言中，凯利说，他最先起草的是第二卷关于经验和活动评估的两章。他说，这是他20世纪30年代在堪萨斯州的临床实践笔记的基础上编写的一个非常简短的版本，实际上整个第二卷都是在凯利临床实践基础上写成的。第二卷提出了很多实用的建议，比如治疗师应该如何布置他的办公室，怎样通过观看学校操场上的活动来获得对一个学校的印象，以及在访谈中应该坐在什么位置，等等。关于经验和活动评估这两章专门讨论如何处理个案史。凯利在这里倾向于将临床医生分为两类：那些想要了解患者客观情况的医生和那些只关注主观印象的医生。例如，我们今天可以在治疗创伤性压力的矛盾的方法中看到这一点。一方面，精神病学诊断系统强调压力的客观定义。然而，很明显，除了极端情况外，一个人受到的创伤，另一个人可能对此不屑一顾。另一方面，确实有人试图完全主观地定义工作场所的压力。许多行为规范都指出，可以认为，骚扰发生在某人感觉到被骚扰或被伤害时。当某人认为自己是受害者时，实际上发生了什么相对来说并不重要。个人建构理论家关注真实世界及其被感知的方式。虽然凯利特别关心个体对发生在他身上的事情的感觉，但是他并没有忽视个体成长的自然环境和文化背景。

为了掌握经验，凯利对事件和建构进行了区分。对于不同的人来说，同一事件会产生不同的影响，他们也可以从同一事件中吸取到完全不同的教训。举个简单的例子：假设你和一些人一起在等一趟晚点的火车，有的人可能会生气，有的人可能会沮丧，而还有的人可能一点反应都没有。人们表达情感的方式也各不相同。生气的人中，有的人可能会对车站工作人员大喊大叫，而有的人却只是在内心悄然愤怒。重要的是人们对将要发生的和可能要发生的事情的解释，而不是实际已经发生的事情。因此，个人建构临床医师或理论家感兴趣的是一个人解释的世界。然而，与此同时，人必须面对并与之斗争的世界无疑塑造了人。在我们的生活中，并非每个人都有同样的境遇或机会。凯利在堪萨斯州大萧条时期的经历使他强调事件和建构的重要性。

>……相信人是自己命运的创造者，并不是否认人可能受环境的限制这一点。我看到太多不幸的年轻人，他们中的一些人在那个萧条肆虐的尘暴区挨饿，这并没有让我意识到他们悲惨的环境。很明显，有很多事情他们可能想做但环境并不允许他们做。但是，尽管如此，这并不是说他们是环境的受害者。无论有多少限制，他们仍然有无限的可能性。①

正如我们所看到的，凯利认为人更像是科学家。每个人都

① Kelly, G. A. (1969). Clinical psychology and personality. In B. Maher (Ed.). *The Selected Papers of George Kelly*. New Jersey: John Wiley & Sons, p.50.

发展出自己的关于世界的特殊理论以及自己建构的网络，并付诸行动。但理论并非凭空而来，理论的发展是为了应对已经验证了理论用途的事件。这是实用主义的主要原则。我们不能认为理论是对的或错的，而是必须考虑理论的效用。理论的效用是通过验证建立起来的。如果丹（Dan）表现得好像他总是能应付任何机械故障，那么他很可能多次遇到过能验证这一理论的机械故障。在"真空"中建立一个稳健的理论是困难的。因此，当我们试着了解一个人时，我们必须了解他经历的一切，以及他对这一切的解释。

　　知道一个人必须处理的事情可能会给我们带来一些理解他的线索。但是，如果认为某件特定的事情对他人和对我们有相同的意义，那就大错特错了。我们必须记住，对凯利而言，个人建构理论本质上是一种临床工具。凯利认为，每一种理论都有一个适用焦点（focus of convenience）——这是一个锻造的但必须有一些用途的领域。临床实践和心理治疗是个人建构理论治疗的适用焦点。在日常生活中，我们可能经常错误地认为别人解释事物的方式和我们一样。但对于临床心理学家来说，这是灾难性的。没有什么比"如果我是你……"更糟糕的建议了，要知道一个精神分裂症患者或厌食症患者和其他人并不一样。精神病学诊断系统最糟糕的地方是，它把人们放在一起按类别分类，模糊了个人的意义。临床医生最好假设每个人都是不同的。了解每个人的意义系统是帮助他们的重要前提。事件和建构在个体的经验中不可分割地交织在一起。个体从来没有遇到过原始的现实——现实总是受个体对它的建构的影响。我们每个人可能都认为，我们看到的就是事物本来的面目。将事件与建构分离开来——从"我知道"转变成"我相信"是非常困难的。

个人建构理论和现象学

这种对事件建构的强调似乎将个人建构理论牢固地置于现象学阵营里。现象学是研究哲学的方法，关注的是世界呈现给人的方式。现象学是由德国哲学家胡塞尔（Edmund Husserl）在 20 世纪早期发起的一场运动，并被许多追随者阐述。然而凯利拒绝将个人建构理论视为现象学的一种形式。尽管凯利说个人建构理论是传统方法论和新现象学的混合体，但他还是小心翼翼地与现象学保持距离。[①] 凯利认为，现象学是纯粹的主观主义——只关注每个人的内心世界。

> 现象学家不能分享他的主观困境，因为即使是现象学家最心爱的伴侣，也只是现象学家根据自己的情绪虚构出来的。[②]

凯利提到，一些临床医生在追问历史时只关注主观因素，这似乎是对现象学方法的警告。但欧洲现象学从来不像这样。梅洛-庞蒂（Maurice Merleau-Ponty）可能是最重要的现象学心理学家，他强调了不同的人会产生非常相似的建构和知觉。现象学家以世界呈现给不同个体的方式开始研究，但也关注不同个体身上反复出现的主题。当代的现象学心理学寻求知觉恒常性。事实上，个人建构理论和其他现象学方法非常相似，但凯利似乎没有意识到这一点。对此有以下两点原因。

首先，当凯利在 20 世纪 50 年代写作时，欧洲现象学

---

① Kelly, G. A. (1955). *The Psychology of Personal Constructs*. London: Routledge, p.42.

② Kelly, G. A. (1969). Clinical psychology and personality. In B. Maher (Ed.). *The Selected Papers of George Kelly*. New Jersey: John Wiley & Sons, p.24.

家的著作并没有被翻译成英文。梅洛-庞蒂的《知觉现象学》（*Phenomenology of Perception*）直到 1962 年才出版英文版（这本书 1945 年在法国出版）。因此，传到美国的被认为是现象学的东西是对原始现象学的苍白反映。霍兰德（Ray Holland）[1]评论说，当欧洲的存在主义现象学被引入美国时，它的内容会被减少和改造以适应美国新的文化。当欧洲的存在主义现象学主要通过罗杰斯的著作被北美心理学界吸纳时，最终的作品与欧洲最初的作品几乎没有相似之处。罗杰斯的体系确实意味着，每个人似乎都有完全独特的看法和世界观。但梅洛-庞蒂并没有强调这些个体差异。当然，不同个体的生活世界会有差异，梅洛-庞蒂强调了我们共有的实体本质如何限制了我们对事物的理解。从胡塞尔开始，现象学家就一直在寻找知觉恒常性，即不同个体都可以看到的相同主题。这可能是因为个体共享同一种文化，有时甚至只是共享人类的化身，但现象学始终关注世界呈现给人们的方式。

　　其次，存在主义现象学的词汇——如果凯利意识到的话——对北美人来说一定是陌生的和疏远的。比如说，谈论"在世存在"，对凯利及其同时代的人来说肯定毫无意义。[2] 对于一个受过实用主义传统教育的人来说，伊赫德（Don Ihde）[3]所说的现象学家的语言太过复杂，似乎是神秘的和不必要的。有趣的是，在 20 世纪早期，哲学有许多平行的发展，所有这些发展都试图超越二元论，如主体 / 客体、人 / 世界和自我 /

---

[1]　Holland, R. (1977). *Self in Social Context*. London: Macmillan.

[2]　很多看起来笨拙的词汇来自德语中复合名词的翻译。"在世存在"（being-in-the-world）实际上是一个非常有用的概念，它表示我们如何始终立足于物质世界和社会世界，同时又是一个个体的存在。

[3]　Ihde, D. (1986). *Experimental Phenomenology*. New York: University of New York Press. 这是一部介绍现象学的优秀著作，通过简单的演示和日常生活中的思想实验来说明现象学的观点。

他人等。① 他们以不同的方式试图避免困扰哲学和心理学的非此即彼的二分问题。当代的建构理论家认为，个人建构理论正好位于心理现象学阵营中，但在半个世纪以前，凯利并不这么认为。②③ 凯利的词汇和思维方式在很大程度上归功于他在数学方面的训练和实用主义的基础。

34

　　和现象学家一样，凯利坚持认为存在一个足够真实的世界。但是，个体知道的就是个体看到的世界——一个已经被解释过的世界。事物总是通过凯利所说的建构系统——个体独特的个人建构的镜头折射出来。下面笔者将概述凯利的世界观，以及个人建构理论的中心思想。

个人建构

　　对凯利来说，每个人本质上都是一个意义创造者。每个人都被詹姆斯所称的"嗡嗡作响、闹哄哄、混乱"且必须赋予意义的世界包围。个体通过"解释"世界来创造意义，用构成其建构系统的模板解释世界。面对同一件事，不同的人可能会有不同的解释。因此，同一场演讲，有的人可能感到无聊（不感兴趣），有的人可能感到焦虑（不放松），还有的人可能觉得这场演讲毫无用处（不相关）。他们可能都认为这是一场糟糕的演讲，但他们认为演讲糟糕的主观原因却各不相同。他们的推理可以在他们解释过程的两极性中找到：无聊与感兴趣；焦虑与放松；毫无用处与相关。每个建构都有两极性，用于理解同一事件——演讲。说演讲本身无聊或毫无用处，严格来说是不

① Farr, R. (1996). *The Roots in Modern Social Psychology*. Oxford: Blackwell.

② Butt, T. (2004). *Understanding People*. Basingstoke: Palgrave.

③ Warren, W. (1998). *Philosophical Dimensions of Personal Construct Psychology*. London: Routledge.

准确的。在场的人可能会达成共识，即演讲无聊或毫无用处，但即使这样也不能说明演讲本身就是无聊的或毫无用处的。其他不在场的人可能对演讲有不同的解释——任何事件都有多种建构。事实上，没有什么是悲惨、有趣、迷人或无聊的。这只是在为事件赋予意义。由于社会压力，人们往往认为某件事是有趣的或悲剧的，然后人们被误导，认为意义在于事件而不是它的建构。

重要的是，要注意建构具有两极性。每个建构都有两极——无聊与感兴趣，毫无用处与相关。然而，这并不意味着事情就应被视为极端。这可能就像我们用 10 分制来评判某件事，我们认为某件事很无聊，只给它评 3 分。我们认为其他事更无聊，只给它评 1 分。但是这并不妨碍建构的两极性。我们对事物的判断是根据个体解释意义的一个维度来进行的。凯利对建构的最初定义是，两种东西是相似的，与第三种东西是不相同的。这个基于三个元素（elements）给建构下的定义展示了凯利的数学背景。直线至少由两个点构成。这也显示了凯利对科学的务实态度。凯利在解释两极性时以科学史上二分假设的有用性为基础。[①] 凯利引用了两个富有成效的例子：遗传学上的显性和隐性以及电学上的正极和负极。凯利声称，事实证明这两个例子都非常有效。

在心理学中，个人建构理论为心理动力学理论中的潜意识现象提供了一个替代建构。弗洛伊德认为行为是"过度决定的"。我可能会说出很多我做某事的原因。我可能不会对自己说，我的行为是多么恶毒啊，我会为自己的行为找各种貌似合理的理由。因此，"好吧，我还能做什么呢"是一种呼吁。正如

---

① Kelly, G. A. (1955). *The Psychology of Personal Constructs*. London: Routledge, p.109.

凯利观察到的，任何事件（在本例中，我的行为）都有多种建
构。但是，我们必须避免行为主义的错误：混淆动作和行为。
行为不能还原为一系列的肌肉运动。凯利对行为的理解是现象
学的：必须用意图来描述——这个人在做什么（人是一种运动
形式，总是在做某种行为）。通常，我们只有在对比的情况下才
能看清我们真正在做的事情。决定不做某件事可能是一个重要
的行动；我们本可以做但没有做的事情，对于我们将要成为谁
至关重要。假设萨拉（Sarah）再次看到她的朋友艾米（Amy）
重复着一种模式：过早地投入一段关系中。萨拉可以提醒艾米，
即把她之前发生的事指出来并告诉她不要过早投入一段关系中，
但萨拉选择什么都不说（"好吧，反正艾米也不听""我什么也
没做""我怎么知道会发生什么？"）。如果萨拉对自己诚实，她
可能会知道她现在所做的就是让她的朋友艾米当着她的面"摔
倒"，而不是帮助艾米并给她提建议。萨拉没有提醒她的朋友艾
米并让艾米从她们的友谊中获益。很明显，萨拉当时所做的，
是让她的朋友艾米走向一个萨拉实际上已经预见到的陷阱。

我们可以用潜意识过程来解释这种行为，也可以用个人建
构心理学的观点来解释。它们都是理论建构，我们不能从它们的
真实价值来判断它们，只能从它们的有用性来判断它们。毫无疑
问，杜威彻底否定了笛卡儿的二元论，认为我们是身心合一的，
这使凯利想要摆脱用一个内在的精神领域来理解人。也就是，
凯利想要摆脱认为在人的背后有一个内在的精神领域，这个精
神领域违背人的判断推动人行动的看法。凯利更倾向于存在主
义的观点（见第五章），他相信选择，最终他相信个人责任。
对凯利来说，个人建构理论的有用之处在于，它恰当地描述了
人类行为的复杂性和模糊性，同时避免了心理动力学的陷阱。

36

虽然在我看来，个人建构理论显然并不是一个认知理

论，但我比较困惑的是，它是不是一个动力理论。一般来说，我声称它不是动力理论。个人建构理论中完全没有任何力量、动机或激励，而且，据我所观察，所有其他的麻烦都被适当地消灭了。但是，关于这一点，我可能大错特错了，因为我假设正在发生一些事情，我不像传统假设那样，认为世界上许多行为必须由各种力量推动才能付诸行动。由于我的假设是从一个过程开始，因此当我发现个人建构理论可能是心理学上唯一真正可用的动力理论时，我被这样一个令人不安的想法震撼到了。你可以认为，个人建构理论要么是一个全面的动力理论，要么不是。我并不在乎你持哪种观点，只要你持其中一种观点，而不是介于两者之间。①

人总是在做一些事情，然而，通常我们可以通过人不做的或者敬而远之的事来看人的行为选择。建构与概念不同。建构属于思维领域，当建构用于决定行为选择（做这件事而不是那件事）时，它是最重要的。在行为领域，我们可以看到二分法的思想是与建构相关的。当决定要做这件事还是那件事时，你不能什么都不做，因为决定本身就构成了一个建构。我们要在两件事之间作出选择，像我们在上面的例子中看到的那样，有或无。当我们说讲座无聊或有趣时，我们可以想象一个十分制的量表。但当你发现危险，决定是否阻止某人过马路时，你会选择阻止或不阻止。我们将在第四章看到，个人建构理论主要关注我们对自己行为的解释，这就是为什么凯利如此坚持建构的两极性本质的原因。

---

① Kelly, G. A. (1969). Clinical psychology and personality. In B. Maher (Ed.). *The Selected Papers of George Kelly*. New Jersey: John Wiley & Sons, p.217.

建构系统

重要的是，我们要把建构看作是我们所做的事情，而不是我们拥有的东西。凯利不是一个笛卡儿式的二元论者，凯利设计了一种词汇，这种词汇很容易让建构过程具体化，并让建构看起来像我们头脑中的东西。也许将建构想象成提问题更准确，我们每个人都带着无声的问题来处理新事件，这些问题塑造了我们的发现。我们无法回答那些我们不曾提出的问题。"这个讲座对我的复习有用还是没用？"就是我们通过提问题来建构的例子之一。使用这个框架去听讲座可能会使你很难发现讲座的吸引力或者扩展你的思维。有人可能会说，问题是我们在听讲座的过程中提出来的。当我们研究建构如何成为建构系统时，注意动词被转换成名词了，这一点尤其重要。我们很容易把一个建构系统想象成某种认知实体，我们甚至可能在神经学的基础上，用一些深入的心理测量技术来测量它。

建构系统的概念的力量在于它强调解释从来不会发生在心理真空中。深夜，我坐在书桌前，试图写下这一章的另一部分。我为什么要这么做？我也可以选择上床睡觉。我继续写作是因为我今天想写一本关于个人建构理论的重要性的书。为什么这对我很重要？我想这是因为我认为个人建构理论是一个被低估的理论，我希望心理学家给予更多关注。我可以继续问"为什么"，我也会得到一系列的答案，其中一些答案比另一些答案更直观。这个过程很接近辛克尔所说的"梯子"（laddering）技术。[1] "梯子"技术强调，我们所做的一切都是一个更大的项目和意图的一部分，使我们所做的这些特定的行

38

---

[1] Hinkle, D. (1970). The game of personal constructs. In D. Bannister (Ed.). *Perspectives in Personal Construct Theory*. London: Academic Press.

为有意义。从这个例子中我们可以看到，"解释"并不仅仅意味着"思考"。不能简单地把人分为认知、情感和行为过程。"解释"这个概念是杜威"行动"概念的发展，行动即整个有机体都参与其中的行为。[①] 凯利指出，沿着意义的维度分解的行为是建构。必须记住，建构是人们预测事件的方式，而预期（anticipation）与预测（prediction）并不完全相同。预测是预期的认知成分，可以包含在预期的概念中，但预期远不只预测。我对去看牙医做根管治疗的预期，可能包含一种强烈的情感成分，这种情感成分会在我的整个行为——我的姿势、面部表情和整体的紧张情绪中显现出来。无论我告诉自己什么，无论我预测什么，我的预测总是被一种普遍的预期超越。

正如认知是更大图景的一部分，任何解释行为都与其他上级建构（superordinate construct）相关。写这部分内容部分是因为想要宣传个人建构理论。将写这部分内容翻译成双极建构则是："写这部分内容 vs 去睡觉"的这一建构是属于"宣传个人建构理论 vs 不管它"的建构。用这种方式，一切事物都可以看作是一个建构系统的一部分。相对于下级建构（subordinate construct），上级建构有更大的适用范围。这意味着上级建构可以解释更多的事件，从这个意义上说，上级建构对预测更重要。因此，在宣传个人建构理论时可能会包含许多行为，比如写文章、接受访谈和做演讲。"梯子"技术在探索隐含意义时非常有用，但是对于解释是否总会形成一个垂直的建构系统，人们意见不一。[②] "梯子"技术的理念是建立在金字

①   Thayer, H. (Ed.). (1982). *Pragmatism: The Classic Writings.* Indianapolis: Hackett, p.257.
②   Fransella, F. (Ed.). (2003). *International Handbook of Personal Construct Psychology.* Chichester: Wiley, pp.112–117. 这是一篇关于"梯子"技术的精彩文章，为个人构建实践者提供的一些技巧和工具。

塔结构体系的形象之上的。在金字塔的顶层是最上级的建构，在金字塔的底层有很多下级建构。我发现金字塔是一个过于机械的形象，它并不总是能公正地对待一个人心理过程的复杂性和模糊性。但是，金字塔结构体系无疑是有用的，只要我们记住它也是有局限的就行，这个局限就是金字塔结构体系可能不会为我们提供一条通往某种统治一切的建构的"康庄道路"。

当代一些建构理论家从对称关系或不对称关系的角度来理解建构之间的关系，① 这是一个来自数学领域的概念。不对称关系（asymmetrical relation）是"如果……那么……"的基础，对理性思考和推理至关重要。如果我想提高个人建构理论的知名度，那么写一本书可能是我实现这一目标的一个途径。增加个人建构理论的知名度是一个上级建构，而写书是它的一个下级建构（金字塔里可能还有演讲和教学）。这是一种不对称关系，因为它是单向的，"如果……那么……"的逻辑反过来是不成立的。我不能说因为我正在写一本书就增加了个人建构理论的知名度。对称关系（symmetric relation）是指逻辑可逆的关系。一系列事件可能以松散的方式相互关联，但这不可避免将让事情变得模棱两可，当然也不存在因果关系。贝尔认为，无论是潜意识过程还是某些类型的思维紊乱，其特征都是对称关系。例如，我妈妈是个女人，所以所有的女人都像我妈妈。我们在下文将看到，不对称关系也帮助我们理解心理创伤的影响。建构之间不对称关系的表述摆脱了建构系统作为认知实体的机械论观点。相反，建构系统强调心理过程的重要性。

一旦我们超越了机械论的形象，把人看作一个建构系统，那么我们也就强调了每个个体核心的知觉和建构过程。我们的

---

① Bell, R. (2003). The repertory grid technique. In F. Fransella (Ed.). *International Handbook of Personal Construct Psychology*. Chichester: Wiley.

行为是一个意义和解释网络的产物。这个意义和解释网络中的关系不像金字塔形成机制暗示的那样简单、确定。我们永远无法完全预测人们的行为方式。我们中的任何一个人都不可能认识到意义和解释网络对我们的情感、思想和行为所起的巨大作用。我们每个人都是一种运动形式，焦点的细微变化会改变我们运动的方向。我们的行为、思维和感觉总是有意义的，从我们与外部世界的关系来看，这是有道理的。但其他的行动方案也可能是有意义的。因此，人类的行为并不像肌肉运动一样是由神经冲动决定的。这里说的是一种简单的因果关系，其中结果是由原因决定的。我们也许可以给出我们这样做的原因，这些原因将嵌入到我们的建构系统中，但推理并不等同于原因。人们对自己的推理负责，但是推理不代表就能产生行动。事件发生后，我们可能会认为我们的行动路线是不可避免的，而且是已经决定了的。我们可能会问："我还能做些什么呢？"但在当时，我们很可能会发现，我们可以采取各种行动。形势的微妙之处可能将我们推向一个方向，而不是另一个方向，我们甚至可能都没有意识到这是如何影响我们的解释的。

研究建构系统

个人建构理论已经开发许多技术来研究人们使事情变得有意义的策略。大多数心理学家之所以记得凯利的工作，主要是因为他开创了一种新方法——汇积方格（repertory grid），也称为凯利方格。心理学家对凯利方格的兴趣甚至超过对产生凯利方格的理论的兴趣。然而，凯利方格与凯利的基本理论假设密切相关，即一个人预测事件的方式引导这个人的内部过程。

凯利方格

在凯利方格中，事件是元素，预期事件的方式是建构。凯利方格检查事件的建构方式：首先找到一组元素的建构，然后根据建构理解每个元素。结果得到一个矩阵或方格，其中建构按"行"排列，元素则按"列"排列。依次按照每个建构来考虑每个元素。这可以通过一个"是 / 否"的评分系统来完成，也可以用 5 点量表对每个选项进行评分。

假设我们感兴趣的是为什么一个特定的来访者存在交际困难这个问题。我们可以先让来访者写出她觉得很熟悉并能判断感情类别的一些人的名字，形成一份名单。这份名单应该包括来访者爱的人、恨的人、有矛盾的人、嫉妒的人、害怕的人——任何有助于我们理解来访者交际困难的人的名字都要写出来，越多越好。凯利认为，最简单的提取建构的方法是三元比较。选择三个人的名字，然后问来访者："你能想出一个方法，让这三个人中的任意两个人属于同一类，但与第三个人不属于同一类吗？"来访者可能会在思考后说："我和莉兹属于同一类，我们都喜欢开怀大笑，但瓦尔太严肃了。"现在，重要的是要注意，这里没有告诉我们任何关于瓦尔和莉兹的东西。个人建构理论从一个人的观点出发来看待人格并说明来访者在解释什么。这里的回答表明，"喜欢开怀大笑和太严肃"是来访者社会世界映射的一个维度。凯利常会问别人一个问题：她们是属于同一类还是不同类的？当然，这并不是说世界是由极端组成的。建构是两极的，但不一定是二分的。我们的来访者可能会把人分成两个阵营，但可能会认识到两者之间的梯度。这就是评级策略比二分法的"是 / 否"评分系统要好得多的地方。如果对一个人来说，世界确实是由极端组成的，那么她可以通过给每个人打 1 分或 5 分来表明这一点。也许这并不是她

41

广泛使用的一个建构——这不是她通常用来理解人们的方式。如果只有她自己、莉兹和瓦尔得分超过 3 分，那么我们可能想知道是否其他人都只得到中等分数，因为他们超出建构的适用范围，这一点可能会在来访者的访谈中被提及。

但是"喜欢开怀大笑"是什么意思呢？我们绝不能假设这句话对来访者的意义和对我们的意义是一样的。正如凯利指出的，我们永远不能通过查字典来确定一句话对来访者的意义。找到答案的一种方法是检查这句话与方格中的其他建构的关系。也许那些"喜欢开怀大笑"的人往往更年轻，有趣而不沉闷，残酷而不体贴，危险而不安全。建构系统中的网络定义了方格术语的含义。两个人可能都把自己定义为"敏感的"，但他们的意思可能截然不同。我们可能会注意到当我们在检查萨利的方格时，敏感与紧张相关，害羞与容易受伤相关。然而对于凯斯来说，敏感与善于倾听相关，害羞与善解人意有关。逻辑规则不适用于一个人的现象学。相反，我们在一个人的现象学中看到的是，一种特殊的心理逻辑在起作用。

所有个人建构理论的方法的一个危险之处在于，人们可能会机械地使用它们。"梯子"技术不仅仅是在一个人说他更愿意待在建构的这一极而不是那一极时问"为什么"的问题。"梯子"技术是一种探究策略，而不是一种技巧。有经验的询问者知道应该关注哪些建构和什么时候该追问"为什么"。必须聪明地使用凯利方格技术，并小心地集中在一个研究领域。认为完整的凯利方格技术就是给心理作"X 射线"检查是错误的。凯利方格是非常灵活的技术。元素可以与许多不同类型的调查有关联。举个例子，巴特（Trevor Butt）、伯尔和贝尔对人与人之间的差异感兴趣。他们设计了一个方格，其中元素是"和……在一起时的我"，每个参与者都认识很多人。为了引出建构，他们要求参与者思考其对待两个不同的人的不同方式。有人可能会说"我和汤姆喜欢开玩笑，但我对约翰很认真"。当通过这样的方式获得一系列建构时，每个建构对应于方格中的一个元素。随着访谈的进行，参与者观察新出现的模式，当他们发现相似的模式和不同的模式时，他们通常会想到新的建构。大多数参与者出现了一种"做我自己"和"不做我自己"的建构形式。如果他们没有出现这种建构形式，那么将这个建构形式提供给他们。这样做是为了了解每个参与者方格中的建构的意义。通过相互关系，可以确定参与者是否有某些特定的行为模式。①

研究者可以用元素来探究参与者的建构。例如，参与者是如何理解不同的汽车模型、面包类型、政党的？研究者可以探究他感兴趣的任何事物。重要的是，方格提到一个重点研究问题，即你必须知道你在寻找什么，你才能知道在哪里找到它。为此，研究者既可以提供建构，也可以引出建构。在假设检验过程中，研究者可能会从几个参与者构成的小样本中引出建构，并将最具共性的建构提供给更大的研究样本。因此，凯利方格已被用于各种市场调研活动。

其他的个人建构理论方法

然而，凯利方格并不是用于调查建构系统的唯一方法。还有很多其他的个人建构理论方法。感兴趣的读者可以看看弗兰塞拉的《个人建构心理学国际手册》(*International Handbook of Personal Construct Psychology*)。我们已经看过"梯子"技术，在这里笔者简要介绍另外两种个人建构理论方法：自画像和萨蒙线。自画像是凯利用现象学的方法研究人的一个很好的例

---

① 　Butt, T. (2004). *Understanding People*. Basingstoke: Palgrave.

子。① 在《个人建构心理学》第一卷，凯利专门用一章讨论自画像的技巧及分析方法。来访者写出他对自己的自我描述，好像他是剧中的主要人物一样。来访者是用第三人称，从一个朋友的角度写的，这个朋友"与他亲密且富有同情心——也许比任何人都更了解他"。② 因此，来访者需要站在离自己稍远一点的地方（但不要太远），用更宽泛的术语来写这个自我描述。这是一种导演用来帮助演员进入角色的草图。当然，不管这意味着什么，描述的并不是那个人"真正的样子"。根本不存在只有一个人自己才能接触到的内在自我。在这里，人们必须利用他的建构来写出描述性的话。我们得到的是一个自我理论。人们必须决定什么是重点，什么是无关紧要的。相同的行为或事件的建构数是不定的。例如，克里斯认为某个行为是敏感的，汤姆却认为这个行为是愿意接受批评的。就像推荐人写推荐语一样，在自画像中，推荐人的推荐语写的既是推荐对象，也是推荐人自己。在这里，推荐人和推荐对象是同一个人。研究者可以问一些问题，例如：来访者用什么建构来理解他自己？哪些主题反复出现？描述的重点是什么？哪些内容被忽视了？这个人是在什么环境下描述自己的，是家庭、工作场所，还是和朋友在一起时？

在分析来访者的自我描述时，研究者不给它打分，也不以简单的方式提取内容。研究者并不声称或认为自己有比来访者更好的解释，但研究者确实给来访者带来了不同的视角，并提出一系列建构。分析构成了研究者与来访者对话的基础。研究者用不同的视角和方法观察来访者并提出建议。在临床环境

---

① Kelly, G. A. (1955). *The Psychology of Personal Constructs*. London: Routledge, pp.319–359.

② Kelly, G. A. (1955). *The Psychology of Personal Constructs*. London: Routledge, p.323.

中，用一两句话概括来访者观点的本质通常是很有用的。例如："克里斯是一个敏感的人，他觉得他必须以一种嘲讽的幽默感来保护自己，尤其在工作中。这经常导致别人误解他，并可能使他陷入麻烦。"这种概括和解释可以进一步提炼和修改，以清楚反映来访者的人生观，即来访者关于他所处的世界和他在其中如何行事的理论。

　　萨蒙线（Salmon line）是萨蒙（Phillida Salmon）及其同事使用的一种个人建构理论方法，它很好地展现了个人建构理论式的提问题方式。[①] 在一项研究中，研究者关注老师和学生如何评价学生在"设计与技术"这门课上的能力。研究者给每位参与者提供一条线，这条线代表学生在这门课上获得的能力范围。线的一端表示没有能力，线的另一端表示能力最强。研究者请老师在这条线上标出每位同学的能力位置，在老师做标记时，研究者与老师讨论他标记的理由。班上的每个同学也这样做，每个人都在这条线上标出自己和其他同学的能力位置，并给出理由。萨蒙发现，老师的评价与学生的评价存在严重的不一致。对老师来说，"设计与技术"是一门开放的课程，能够提高学生的创造力和合作能力。然而，对于学生来说，与所学的技术、技巧相比，创造力并不重要，一切都取决于制作出来的作品的质量。学生认为，创造力是与生俱来的，不是可以提高的东西，性别决定了这种与生俱来的能力的大小。萨蒙认为，教育必须考虑学习者的起点，必须理解他们的建构，这样才能与学习者展开有效沟通。就像在心理治疗中一样，来访者不是采取某些行为就完成了心理改变与重建（见第六章），个体必须把这些行为同化到他们的建构系统中去。

44

---

① Salmon, P. (2003). A psychology for teachers. In F. Fransella (Ed.). *International Handbook of Personal Construct Psychology*. Chichester: Wiley.

情绪

乍一看，个人建构理论似乎不重视情绪及其在人类生活中的重要性，当《个人建构心理学》出版时，有人批评它以一种冷血和理性的方式描述人。尽管在一定程度上，心理学本身就是以这样一种不同寻常的方式来考虑情绪的。在心理学教科书关于动机和情绪的章节中，情绪被视为一种动机力量。情绪和动机都强调对人的行为产生影响的动力性。刺激是外因，情绪是内因。情绪是一个生理学上的概念，刺激诱发个体产生化学物质，化学物质进入血液并在血液中循环，让人产生情绪体验。有时，人也会通过认知来调节情绪。正如我们稍后将看到的，一些理论（例如，精神分析）在思考行为的动力时，把"内在世界"放在了首位，但凯利却完全避开了动机的概念。对凯利来说，没有使人产生行为的"推"和"拉"的因素。人们总是在做这样或那样的事情，他们不需要动机来使他们开始。人是一个解释性的建构系统，通过解释给事件赋予意义，并按照这种解释行事。

因此，情绪是根据行动者的解释（而不是对行为的外部评估）进行的现象学描述。凯利认为，我们所谓的情绪，是建构系统变化的结果。焦虑、欺骗、威胁等是建构系统变化过程中，个体感受到的东西。正如我们所看到的，个人建构系统（personal construct system）关注纯粹的心理学上的解释。当然，心理状态的变化会带来相关的生理上的变化，但生理上的变化不是引发心理变化的原因。心理解释不能简化为生理解释，这一点在关于情绪的认知研究中得到了肯定。这些研究报告，人们注射去甲肾上腺素时"好像"感觉到情绪，"好像"感觉到焦虑或愤怒，但他们知道他们并没有，因为他们没有焦虑或愤

怒的理由。[1] 许多当代的心理学家错误地把他们的观点建立在
生理学基础上，以为这就能使心理学成为科学了。然而，这样
的做法误解了生理学和心理学这两门学科之间的本质关系，生
理学不会也不可能成为心理现象的基础，因为这是另一种建构
框架，像其他框架一样根据有用性进行评价。我们并不会说，
因为波长，所以我们才看到颜色。波长是物理学家用来谈论人
对光的感受的词汇。[2] 同样，我们也不会说，因为中枢神经系
统缺乏神经递质，所以我们感到沮丧。中枢神经系统缺乏神经
递质是神经生理学家对大脑状况的描述，与一些松散的经验相
关。有时，这些还原论的表达方式有用，有时则没用。不管怎
样，生理因素并不是心理现象的根本原因。

　　凯利的工作是设计一个关于经验的心理建构系统，其中
包括情绪。为了理解凯利的叙述，我们必须提醒自己个人建构
系统存在的目的是什么。心理建构系统是帮助人们预测事件
的，"在生活的喧嚣和愤怒中听见反复出现的主题"[3]。作为"科
学家"的人在经验的基础上形成理论，人们通过心理建构系统
理解新的事件。有时，人们无法作出令人满意的判断，有时会
作出错误的预测。一个无法摆脱的令人不安的形象，一种挥之
不去的担忧，一种某事不会发生的肯定，所有这些都是无法解
释的事件的例子。这时，好一点的"科学家"会修改他的"理
论"，认识到现有的框架无法完成其应该完成的任务。差一点

---

[1] 心理学研究者经常引用沙克特（Stanley Schacter）的研究，用来解释认知因素
如何为生理状态提供解释框架。Schacter, S. (1964). The interaction of cognitive
and physiological determinants of emotional state. In L. Berkowitz (Ed.). *Advances
in Experimental Social Psychology* (Vol. 1). New York: Academic Press.

[2] Crossley, N. (1996). *Intersubjectivity: The Fabric of Social Becoming*. London:
Sage 该书对还原论作了极好的论证。

[3] Kelly, G. A. (1955). *The Psychology of Personal Constructs*. London: Routledge,
p.486.

的"科学家"可能会顽固地拒绝修改他的"理论"，不承认自己可能是错误的，但这显然要付出代价。然而，无论是否修改心理建构系统，一个人设想的世界都会发生动摇。这种动摇的感觉正是所谓的这样或那样的情绪。在这里，笔者只探讨凯利提出的两种情绪——敌意和焦虑。这两种情绪都与核心建构（core construct）有关。核心建构是凯利用来理解自我的一个概念。

敌意

没有什么比区分攻击性和敌意更能说明凯利的现象学方法了。凯利不关注观察者"客观的"定义，而是从行动者的角度努力寻找意义。作为观察者，我们太容易根据行为对我们的影响来将行为分类了，但完全相同的客观行为可能由完全不同的原因所致。假设你和一位朋友经过长途跋涉，马上要走到终点了。你们疲惫不堪，非常想尽快到达目的地。这时，选择出现了，你想选一条你熟悉的、不刺激但安全的路线，而你的朋友想尝试一条陌生的、可能会让你们迷路但肯定会更有趣的新路线，这条新路线可能会使你们步行的时间变长。当你选择安全的路线时，你的朋友坚持要选另一条冒险的路线，你开始有点生气了。你不相信他，你记得很多次他都高估了自己看地图的能力。对于凯利来说，这或许可以作为攻击性或敌意的例子（或者两者兼而有之）。凯利认为，有攻击性的人是一个不断拓宽他的感知领域的人，或者是一个会详细阐述自己的理解的人。他们喜欢选择，喜欢冒险，总是扩展，寻找新的不同和可能性。当然，对于不太喜欢冒险，只想过一种安静的生活的人来说，这可能是一件令人头疼的事。但攻击性并不是一种随处可见的人格特质，它不是一个人内心深处想要释放的某种冲动，而是这个人在感兴趣且自信的领域展现出来的特征，并且可能只局限在特定的领域。在这个意义上，人们可能只在运动、性或社交方面有攻击性。具体来说，可能只表现在集邮或造型上。正如我们在考虑选择时所看到的那样，细化（elaboration）是人类生活的一个基本特征，是可行的建构的一个必要的组成部分，不管它对其他人有何影响。

敌意是"为了支持已经被证明是失败的社会预测而持续不断地寻找有效证据的努力"①。当我们意识到自己错了的时候，敌意却让我们坚持自己是对的。我们已经拥有的建构系统不能解释事件，我们需要修改建构系统，但我们不愿面对这个令人不安的结论。因此，当我们坚持我们是正确的时，我们"砰"的一声，强行把正方形的钉子钉进圆形的孔里了。对我们的朋友和同伴来说，这可能和攻击性一样，是有问题的，尽管它源于一个不同的动力。建构系统并不是为了解决智力难题而构建的，从纷乱的生活中找到意义对我们的日常事务至关重要，当事情没有意义时，我们的第一反应不是拆除建构系统，而是试图使其继续工作。有敌意的人的反应是一种很自然的持续性反应。

值得注意的是，凯利并不是说日常生活中所有被称为敌意或攻击性的反应都符合这些描述。他并没有告诉我们，当使用这些术语时，真正意味着什么。他指出，我们不能从行为中理解意图，并声称意图是最重要的。如果我们想了解他人，最重要的是，如果我们想帮助他人改变，那么看透他人的行为是否符合他的意图至关重要。我们必须记住，在治疗中，个人建构理论的重点是帮助人们适应他们自己，并在必要时使其作出改变。凯利的例子总是取自治疗领域，而正是在这种背景下，他

---

① Kelly, G. A. (1955). *The Psychology of Personal Constructs*. London: Routledge, p.510.

强调敌意不一定是公开的破坏性。他用一个母亲的例子说明了这一点：她像对待玩偶一样对待自己的孩子，但所有的证据都与此相反。① 换句话说，尽管她表现出来的是关心和友善，她的反应仍然是充满敌意的。她强行让证据符合她的理论，因为这样做，她也许可以消除焦虑，减少面对她无法理解的事情时产生的困惑。

焦虑

怀有敌意的人紧紧抓住敌意的建构，试图用敌意去处理他面临的所有事件。而焦虑的人则是缺乏建构，他目前的建构系统无法处理他面临的事件。有时，缺乏建构导致事件根本没有表达出来。当我们思考的时候，我们可能完全忽略了言语中的讽刺之处，我们只考虑是否成功地用一些自夸或其他什么东西给某人留下深刻的印象。"我的天哪，你居然告诉他了！"这可能就是一种字面上的证据，证明我们确实给这个人留下了深刻的印象。如果我们完全不理解反讽及其在幽默中的地位，那么这个事件（这句话）可能会被简单地解释为我们成功的证据。但是假设我们足够敏感，能够找到其他证据证明我们的成功根本没有被认真对待，那么我们就会有一种不安的感觉。我们找到了我们不能忽视的证据，但却毫无意义。因此，若我们的解释建构是"虽然记录了事件，但是却解释不了事件的含义"，那么焦虑就会产生。"解释不了的事情"是焦虑的原因。

再一次，我们应该注意到，凯利并不是说每当有人说他们很焦虑的时候，我们就可以用这种方式来简单解释，焦虑也可能是一种威胁的类型（见第四章）。日常生活中的情绪性谈话

---

① Kelly, G. A. (1955). *The Psychology of Personal Constructs*. London: Routledge, p.511.

定义比较宽泛，人们学会根据他们所处的言语群体来标记各种生理状态，当涉及标记情绪时，我们没有外部参照来明确告诉我们所指的是什么。因此，这并不像学习一种特定的颜色是什么——在这里，外部参照物是明确的，其他人可以帮助我们作出准确的区分。相反，人们试图通过尽可能地唤起社会理解的概念来表达情绪和经验。凯利对情绪的表述试图了解情绪化的人正在经历什么——感觉形成中的干扰如何导致我们产生名为情绪的各种状态。

创伤和压力

这种将我们的行为概念化的方式会导致我们在思考创伤和压力时采取截然不同的方式。首先要注意的是，创伤和压力这两个概念都借用自其他领域：一个来自工程领域，另一个来自医学领域。压力是一个工程领域的术语，用来描述当施加某种力时在材料上产生的压变。因此，当施加一段时间的力时，金属可能会受到压力，这可能会导致金属弱化并最终断裂。创伤是一个医学领域的术语，用来描述某些物体对身体某一部分的冲击。急诊室的创伤诊所是处理骨折和头部创伤的地方。压力和创伤这两个术语在二三十年前的心理学中使用得并不多。环境因素一直被认为在所谓神经症的发病中起作用，但精神病学教科书可能过分强调了抑郁和焦虑原因中体质因素的作用。精神病理学的书籍主要在生理学意义上使用压力的概念，考虑的是刺激对神经系统的影响。[1] 因此，压力和创伤在心理学上是隐喻，也就是说，发生在一个人身上的事情可能就像是一种创伤，因为它以一种确定性的方式对他人产生影响。人们不能

49

---

[1] Maher, B. (1970). *Principles of Psychopathology*. London: McGraw-Hill.

忽视目睹暴力的影响，正如人们不能忽视跌倒或被汽车撞的影响一样。一个人在困难的工作中会感受到压力，就像一座桥会受上面交通的影响而变得脆弱一样。

这种强调环境对人们幸福的影响是对只关注体质因素的一种很好的平衡。将焦虑或抑郁归结为神经质或缺乏道德品质，就是为太多的虐待、苦难和凌辱开脱。但是，也许今天用压力和创伤来解释任何事情的方式都犯了相反的错误——没有考虑到人们对事件的解释。弗雷迪（Frank Furedi）① 告诉我们，在1994 年至 2000 年间，英国媒体对"压力"和"创伤"这两个术语的使用增加了五倍。在日常生活中，我们现在用这些概念来理解各种行为。它们的现成可用性意味着我们可以在这个框架内解释我们的经验。隐喻从一种"好像"的性质开始，当具体使用隐喻时，这种性质很快就消失了。事件对人们生活的影响变得理所当然，绕过了人们对这些事件的理解。

建构主义的观点是，事件当然对人有影响，但这总是由他们对事件的解释来实现的。面对同一事件的两个人并不一定以同样的方式经历它们，摧毁一个人的东西不一定对另一个人产生同样的影响，对一个人来说似乎是短暂的震惊或侮辱却会对另一个人产生严重的影响，这是因为同一事件对不同的人有不同的意义。当然，这并不否认创伤具有巨大的影响，但它将我们的注意力引向个人建构的意义建构过程，使我们重新思考创伤后应激障碍（post-traumatic stress disorder, PTSD）的性质和定义。精神病学家试图从事件的角度客观地定义这一障碍，那些威胁生命或安全的事件被认为会给人带来严重的创伤，当一个人经历或目睹这样的事件时，就可以认为他们可能会患上创

---

① Furedi, F. (2004). *Therapy Culture: Cultivating Vulnerability in an Uncertain Age*. London: Routledge.

伤后应激障碍。其他事件，如关系破裂或失去工作，在客观上
被视为威胁较小。许多症状被认为是创伤后应激障碍的症状，
包括易怒、抑郁和过度唤醒。一般认为，创伤事件是侵入性的
和痛苦的，并以多种可能的方式重现。这可能包括闪回、噩梦
和对事件及其表现的过度关注。尝试客观定义创伤后应激障碍
带来的问题是，许多人报告了类似的症状，但他们没有经历生
命或安全的威胁。因此，研究者正在不断地修订创伤后应激障
碍的定义，以适应那些报告未发生危及生命的事件而依然出现
了症状的患者。

　　建构主义的表述牺牲了客观性，但它让我们认识到，对
特定的人来说，伴侣逝去可能会使他们像目睹暴力事件一样痛
苦。创伤后应激障碍的有效成分是赋予事件的含义，而不是事
件本身。塞韦尔（Kenneth Sewell）创造了"建构性破产"一
词，以表示只考虑症状而不考虑症状意义的问题。[①] 正如他对
受到严重创伤的战争退伍军人，主要是来自越南战争的退伍军
人所做的那样，他有很多机会看到和帮助受害者。他认为，当
一个人没有可用的建构来理解创伤事件时，他才会感受到创
伤。创伤事件不像以往的任何事件，它不能被解释，因为它不
符合"与某类事物相似，而与其他事物不同"的公式。但是，
创伤事件的影响不能被忽视，所以它让人产生了一种极端焦虑
的情绪。例如，受创伤的士兵在战斗中发现他们处于未知的水
域时会非常焦虑。我们通常在重大生活事件中也会产生类似的
感受。人们告诉你，当你的父母去世时或你的孩子出生时会是
什么样的情况。当这种情况发生时，你经常会发现他们所说的
可能是对的，但这并没有抓住体验本身。当事件发生时，对事

50

---

① Sewell, K. (2003). An approach to post-traumatic stress. In F. Fransella (Ed.). *International Handbook of Personal Construct Psychology*. Chichester: Wiley.

件的预期是不公平的。这一事件之所以能够被重现，因为它既
不能被忽视又不能被理解，所以它不断地重复出现。塞韦尔及
其同事提出，可以尝试在创伤的基础上建立一种新的建构。但
是这个新的建构没有被整合到建构系统中，这是一种不能被同
化并带入个人建构系统上层的孤立的东西，因此这就是我们先
51　前所说的对称关系。它并不是以有序的方式被理解，它的意义
在人的建构系统中回响。

　　我们可以看到，这种观察创伤的方式很容易延伸到对生命
或安全没有威胁的事件。任何动摇一个人心中的世界的事件都
是潜在的创伤事件。对于创伤后应激障碍，不可能有令人满意
的客观定义——一切都取决于对发生的事情的建构和解释。每
个人都开发了一个意义网络——一个建构系统——用来理解正
在发生的事情。不可忽视但不能被纳入其中的事件会导致或多
或少的焦虑。事件越麻烦，创伤就越大。这也许就是我们需要
考虑自我概念的地方。自我概念在心理学上是一个很难定义的
模糊的概念。但在日常生活中，当我们谈论一个人的世界的基
52　础时，我们很可能会从自我的角度思考。在下一章，我们将看
看建构系统的概念与自我是如何联系的。

第四章　一种新人本主义

53

在当代心理学教科书中，个人建构理论常被描述为一种研究人格的人本主义方法。在这一章中，我想探讨什么是人本主义（humanism），以及凯利的个人建构理论是如何符合这一分类的。一方面，"人本主义者"（humanist）是一个在心理学语境中有特殊含义的术语，要注意，不要把它和"人道主义者"（humanitarian）相混淆。人本主义理论认为，人本质上是一个自由的个体，对他在生活中的选择负责，这与那些声称人没有自由意志的机械主义理论形成鲜明对比。相反，机械主义理论认为，人受制于推动或拉动他们产生行动的决定性力量。因此，把关于人本主义和机械主义的理论结合起来也许是理解"人本主义"这一概念的最佳方式。① 另一方面，人道主义有着与人本主义无关的完全不同的含义——人道主义心理学家对改善人类命运感兴趣。作为一名激进的行为主义者，斯金纳（B. F. Skinner）无疑是一名伟大的人道主义者。他在心理学上的所有努力都是为了创造一个更好的社会，但他不是人本主义者。事实上，斯金纳认为，人本主义者应该为许多人的耻辱和不幸

---

① Rychlak, J. (1977). *The Psychology of Rigorous Humanism*. Chichester: Wiley. 赖克拉克（Joseph F. Rychlak）将人本主义和机械主义的起源追溯到他声称的哲学根源。

负责。①斯金纳坚信，所谓的"自由与尊严的文学"（也就是斯金纳描述的人本主义写作）导致一个惩罚性的社会，在这个社会里，人们实际上是对作为他们强化历史产物的行为负责（他们无法控制这种行为）。因此，人本主义者和机械主义者都可能是人道主义者，这两个阵营也可能都包含非人道主义者。

将"人本主义与机械主义"概念化为一种建构的美妙之处在于，我们认识到这是我们为理解事件而建立起来的一种意义维度。我们对这一建构负有责任，应该根据它的有用性而不是真实性来判断它。我们不必困惑于个人建构理论是否真的是一个人本主义理论。因此，当我们在思考某个建构的有用性时，考虑一下它的适用焦点可能会有所帮助——这个建构最初是用来做什么的。个人建构主义是在 20 世纪 50 年代产生的，当时，行为主义仍然是心理学学术界的主导力量。行为主义者认为，通过研究老鼠和鸽子的行为，我们可以发现一些行为法则（比如，强化法则），这些法则同样适用于人类。如今，行为主义的拥护者越来越少，人本主义者从不相信可以通过理解动物来理解人。有些人会说，因为取代行为主义的认知行为主义采用的认知方法是建立在人类而不是动物的基础上的，所以认知行为主义既具有机械性又具有人本性。尽管如此，有一种相反的观点认为，认知行为主义归根结底是机械主义的，因为它认为因果机制也作用于人的认知、情感和行为。类似，心理动力学理论认为潜意识的力量在人的背后起作用，这也可以被看作是机械主义的，而不是人本主义的。事实上，任何仅仅从动机的角度来思考的理论都是机械主义的，因为在心理学中，动机是激励行为的力量。人们希望，人类的行为最终能通过揭示使特定的人做这事、那事或其他事的力量和机制来解释。值得注

①　Skinner, B. F. (1971). *Beyond Freedom and Dignity*. Harmondsworth: Penguin.

意的是，在这种表达方式中，个人拥有自由选择，这是毋庸置疑的。如果人们可以自由地选择行动方案，那么他们就不会受行为的决定性法则支配。他们便拥有一种可以选择的错觉。斯金纳的论点是，社会强化了这种错觉，试图让人们比以往任何时候都更有责任感。斯金纳认为，如果你想改变人们，你就必须改变他们的环境及其带来的强化后果。

罗杰斯的人本主义

我们将看到，凯利对自由、选择和主体性的立场是复杂而有趣的。在许多方面，这似乎将他置于"人本主义—机械主义"建构的人本主义一端。但重要的是，要注意个人建构理论和另一个主要竞争者罗杰斯的人本主义之间的区别。[①] 研究罗杰斯的理论必然会谈及一些关键的概念，这些概念有助于阐明个人建构理论使用的一些概念。和凯利一样，罗杰斯也想以一种既不是精神分析也不是行为主义的方式来进行心理治疗。罗杰斯首次用"咨询"这个词来描述这种方式。实际上，今天大多数人理解的"咨询"，在很大程度上要归功于罗杰斯的推动。开始时，罗杰斯把咨询看作是非指导性的（non-directional），避免了精神分析和行为主义的理论教条。来访者（这也是罗杰斯首先使用的术语）通过咨询师的无条件接纳在咨询中找到自己的方向。咨询师的工作不是建议或指导来访者达到任何预先设想的治疗目标，而是让来访者实现自我，发展自己的个人目标和潜力。后来，罗杰斯承认，咨询师或治疗师不可能完全是非指导性的——他们总是会对来访者产生影响，不管这种影响是有意的还是无意的。因此，罗杰斯将自己的咨询方法称为

55

---

① Rogers, C. (1981). *A Way of Being*. Boston: Houghton-Mifflin.

"以人为中心"或"以来访者为中心"的方法。重要的是，我们注意到来咨询的人变成"来访者"，而不是"患者"。患者是受苦的人。"患者"这个词的英文 patient 与"被动的"这个词的英文 passive 有相同的词根，而且"患者"这个词也用来表示向医生寻求建议的人。病人角色（the sick role）减轻了他们对自己困境的责任，但也要求他们听从医生的建议。罗杰斯的"以人为中心"的方法重点是帮助来访者找到自己的方向。因此，用"患者"来称呼是非常不合适的。

罗杰斯理论的核心是"真实自我"的概念。他认为，每个人都有一种自我实现的倾向——一种发挥个体潜能的内在倾向。就像植物自然地向着光的方向生长一样，人也会自然地朝着满足他们内在需求的方向发展。当社会压力（通常以压抑的家庭和环境的形式呈现）不允许人们这样做时，心理障碍就会发生。这时，人们就不再重视自己的真实想法，而是被推着朝不是自己理想的方向前行。然后，他们离真实自我越来越远，并发展出一种反映这种压力的虚假自我。罗杰斯认为，正是这个过程导致神经症症状的形成。治疗师的工作是提供一种氛围，使这个过程得以逆转。在一个热情的、有同理心的和真诚的人面前，来访者可以开始"成长"。治疗的积极因素不是治疗师的技巧，而是治疗师作为一个热情的、有同理心的人与来访者接触。我们可以看到，诸如"个人成长"和"受难群体"这样的术语频繁出现在罗杰斯的治疗理论中。来访者的自我成长还有很长一段路要走，他们更像是一株植物，需要合适的环境条件才能将自己的潜能释放出来。就像橡子有成为橡树的潜力，每个人都有实现个性化自我的潜力。得益于这一框架，如此多的咨询概念才得以进入我们的日常生活。比如，"感受自我"和"做自己"就是两个典型的例子。在一个世纪以前，这些想法对人们毫无意义。如今，大众逐渐接受能够接受，他们的自我和感觉存在他们自己无法接触到的层次。人们似乎普遍认为，只要我们摆脱了社会的束缚，就能依靠一些内在的资源，自由地提升我们的潜能。

凯利的人本主义

当凯利在俄亥俄州立大学担任心理学教授时，他接替罗杰斯担任该校临床心理学项目主任。当时，人本主义并不是罗杰斯理论独有的标签。然而，罗杰斯在俄亥俄州立大学的学生主要接受了罗杰斯方法的训练。凯利的临床培训方法则比较折中。根据凯利临床心理学项目学生克伦威尔的叙述，凯利和罗杰斯两个人互相尊重，罗杰斯还为凯利 1955 年出版的书写了一篇相当友好的书评。但凯利可能觉得罗杰斯理论的语言风格太过意识流。[①] 罗杰斯当然是尊重科学传统的，但我们可以从以下文字中看出他的语言风格：

> 我发现，当我最接近我内在的直觉自我时，当我以某种方式接触我内在的未知时，当我的意识状态可能处于一种流动状态时，我所做的一切似乎都充满了疗愈的效果。简单说，我的存在就是释放和帮助他人。我无法强迫他人拥有这种体验，但当我放松下来，超越自我的核心时，我可能会在这段咨询关系中以奇怪和冲动的方式行事，我无法用理性证明这种行事方式，这种行事方式也与我的思维过程无关，但这种奇怪的行事方式莫名其妙被证明是正确的：似乎我内心的灵魂已经伸出手触动了对方的心灵。我们的关系超越了自身，成为更大事物的一部分。在那个当

---

① Cromwell, R. (2006). Personal communication.

下，存在着深刻的成长、疗愈和能量。①

57　　　　对笔者来说，罗杰斯在这里所说的内容基本上是合理的，而且从"联合行动"（joint action）这一起源于实用主义传统的概念角度来看，这些内容也是完全可以理解的。② 这个观点的基础是乔治·米德的社会性（sociality）概念，即在预期和社会互动中发生的一切构成人们意识的基础。③ 社会交往超出个人的意愿，我们在与他人的关系中发现并塑造我们自己。在日常生活中，我们在说话之前，不会先认真思考我们要说什么。如果我们这样做，就会感到非常不自在。然而，我们不这样做是有意义的，这是社会生活可以正常进行的唯一方式。毕竟，社会生活的自发性使人无法有太多的深思熟虑。在日常的社会交往中，面对不同的人和不同的情境，我们会展现不同的侧面，这正是交往的乐趣所在。但是，罗杰斯谈论这件事的方式肯定会与凯利不同。他在谈"未知""内在自我""疗愈""超越"这些词汇时是一名神秘主义者，而不是社会科学家。

　　　　在 1966 年撰写的著作中，凯利将人本主义定位为 15 世纪到 16 世纪划时代的现代性的开端。④ 有趣的是，凯利从社会性的角度来定义现代性，当"人本主义者把自己放在（那些中世纪学者不加批判接受的经典著作）作者的位置上时"，当人们

---

①　Rogers, C. (1981). *A Way of Being*. Boston: Houghton-Mifflin, p.129.

②　乔治·米德在芝加哥大学的同事布鲁默（Herbert Blumer）最早创造了"联合行动"这个词。Butt, T. (2004). *Understanding People*. Basingstoke: Palgrave.

③　"社会性"是凯利在他的社交推论中采用的一个概念："在某种程度上，一个人解释另一个人的建构，他可能在一个涉及另一个人的社会过程中发挥作用。"Butt, T. (1998). Sociality, Role and Embodiment. *Journal of Constructivist Psychology, 11*(2), 105–116.

④　Kelly, G. A. (1969). *Humanistic Methodology in Psychological Research*. New Jersey: John Wiley & Sons, pp.133–146.

不再满足于简单地按照宗教教条生活时，欧洲划时代的现代性开始了。① 随着科学的发展，出现了一种新的批评方法。人们不再被动地、不加鉴别地接受规则和教条的主张。相反，人们重新诠释了他们赖以生存的规则并将其与有关背景情况一并考虑——这被称为解释学（hermeneutics）。设身处地地为别人着想，从别人的角度看问题，会让人们产生新的解读视角，从而开阔自己的视野。但凯利显然对20世纪60年代人本主义心理学的发展方向持怀疑态度。凯利的工作并不彻底拒绝所有行为主义的冒险行为：

> 在我看来，对于那些希望在实验中将人从一个不知情的被试提升到一个更有尊严的地位的心理学家来说，放弃技术工具是一个严重的错误。人的精神不因放弃技术工具而丰盈……一个没有技术工具的人，在那些不站在他的立场上的人看来，也许是足够高贵的，但他肯定无法充分发挥自己的潜力。此外，像斯金纳一样，有些时候我也会疑惑"人的尊严"是什么。②

58

当凯利讨论人本主义及其与工具主义（"工具主义"是杜威对其实用主义的称呼）的关系时，我们可以再次看到杜威的影响。我们不应被误导而去感性地追求"尊严"。人本主义者和人道主义者都涉及以下这两件事：设身处地为他人着想，（批判性地）利用科学进步来提高人对世界的掌控。凯利和杜威一样，相信人类减少贫困、压抑和残酷现实的最大希望在于

---

① Kelly, G. A. (1955). *The Psychology of Personal Constructs*. London: Routledge, p.133.

② Kelly, G. A. (1969). Clinical psychology and personality. In B. Maher (Eds.). *The Selected Papers of George Kelly*. New Jersey: John Wiley & Sons, pp.134–135.

科学进步。①

　　凯利不接受"人本主义—行为主义"的这一建构。行为学家试图通过条件作用和行为塑造的方式来建立行为。凯利写道："斯金纳的观点并没有错，他向我展示了如何实现我的潜能之一，这就是人本主义。我仍然相信，对于那些我做不到的事情，我几乎没有尝试的自由，但那些已经被证明是我可以做到的事情，增加了我自由的新维度，使我的自由更加真实。"②但凯利肯定，用机械主义作对比是有用的。行为主义的问题在于它有一个被动且机械的人的模型——斯金纳的实验对象不是人。③斯金纳的实验对象当然是老鼠和鸽子，它们的行为完全由强化模式决定。但是，斯金纳这位科学家，以及他的假设和实验是人本主义的典范。从这个意义上说，个人建构理论也是人本主义的典范。在凯利的基本假设中，"人"处在首要的位置，整体大于部分之和，既不能参考其他物种，也不能参考构成人的个体过程来理解人。在个人建构理论中，很少提及"自我""自由"或"主体"这些概念。但是，在个人建构理论中，有时会隐晦地触及这些概念，这些概念总是在个人建构理论的框架内的。

自我

　　《个人建构心理学》中很少提到自我。当自我被引入时，重要的是，不能将自我看作某个基本实体，而要像看待其他一切事物一样，让自我服从于建构系统。正是在个人角色建构

59

① Rorty, R. (1982). *Consequences of Pragmatism*. New York: Harvester Wheatsheaf.

② Kelly, G. A. (1969). Clinical psychology and personality. In B. Maher (Ed.). *The Selected Papers of George Kelly*. New Jersey: John Wiley & Sons, p.135.

③ Kelly, G. A. (1969). Clinical psychology and personality. In B. Maher (Ed.). *The Selected Papers of George Kelly*. New Jersey: John Wiley & Sons, p.136.

的语境中，我们讨论自我，以及"一个人的建构对自我的控制作用"。① 因此，对凯利来说，并不预先存在一个为表达而挣扎的自我的问题。自我是一种建构——是个人建构世界的产物。自我是被制造出来的，而不是被发现的。我们在观察别人时都会发现，自己在某些方面和别人相似，在另一些方面又与别人不同。这样，我们就形成一个自我理论，这就是"自我"的含义。因此，不存在"成为自己"或疏远某些内在的自我的问题。

> 最近有很多关于"做自己"的说法。虽然我很难理解一个人怎么会变成不是自己的样子，但是我还是认为，"做自己"意味着一个人不应该努力成为他自己以外的任何东西。在我看来，这是一种非常乏味的生活方式。事实上，我倾向于认为，如果我们都能改变现状，那我们将会过得更好。嗯，我不确定我们都会过得更好——也许更准确地说，应该是我们会过得更有趣。②

笔者认为，这是对罗杰斯立场的一种恶意的曲解，凯利肯定知道这不是罗杰斯的本意。罗杰斯并不是说人不应该改变现状，而是相信人在自己和他人眼中的形象都可能会受到不必要的限制，而且人有可能成为其他人。这是人应该努力的方向。凯利在这里反对什么呢？他反对自我概念又是为了什么呢？我认为，可以从凯利的实用主义传统中找到这个问

---

① Kelly, G. A. (1955). *The Psychology of Personal Constructs*. London: Routledge, p.131.

② Kelly, G. A. (1969). The language of hypotheses: Man's psychological instrument. In B. Maher (Ed.). *The Selected Papers of George Kelly*. New Jersey: John Wiley & Sons, pp.147–162.

题的答案。杜威坚决反对笛卡儿的二元论，但是这种二元论已经渗透在我们的日常思维中，并在心理学理论中得到广泛认可。

笛卡儿的二元论

笛卡儿（René Descartes）在 17 世纪提出身心二元论的学说。他试图适应新的力学学说，同时保留关于灵魂存在于肉体中的基督教观点。笛卡儿的主张是，肉体属于物质的范畴，物质的范畴是由机械的因果关系支配的，而心灵属于一个完全不同的领域，心灵在物质世界的空间和时间范畴之外。人们可能会说，心理学 19 世纪才成为一门用来解释这种内在领域运作的独立学科。[①] 此后，心理学沿着两条路线发展：一条路线本质上是机械主义的（如行为主义），试图将心理简化为物质；另一条路线则保留了"心理"，但用"自我"这样的概念来取代它。杜威对这两种路线都不满意，笔者怀疑凯利也不满意。以下是杜威对这个问题的看法：

> 在我们的文明以及我们能提出的所有问题中，最实际的问题则是身体与心理相契合的问题。除非行动本身能够实现这种契合，否则我们将继续生活在一个用充满灵魂但无用的理想主义和唯心主义补偿没有灵魂和无情的物质主义的社会里。[②]

如果 1931 年的情况是这样，那么我们可以看到，今天的

---

① Ryle, G. (1949). *The Concept of Mind*. Harmondsworth: Penguin. 这是对二元论中"机器幽灵"观点的一次可读性和一致性的攻击。

② Dewey, J. (1931). *Philosophy and Civilization*. New York: Minton, Balch & Co., p.299.

情况依然是一样的，甚至更加极端。人们在机械理解身体的医学疗法和基于无形能量和其他精神力量的各种替代疗法之间摇摆。对凯利来说，我们可以用"建构"来代替"行动"。正如笔者已经论证过的，把建构看作人所做的事情，比把建构看作人拥有的认知实体更为恰当。如果人的头脑中没有任何建构，那么这使二元论的神话永垂不朽。然而，人会分析和理解所面对的世界，并用已经发现有用的两极维度来描绘世界。人是运动的一种形式并且总是处于运动（即杜威的"行动"）之中。① 建构并不完全是认知过程。

虽然罗杰斯认为他的工作是基于存在主义和现象学的，但他在引用资料时还是非常有选择性的。他引用了宗教存在主义者布伯（Martin Buber）的文献，但似乎对现象学对二元论传统的排斥一无所知。② 罗杰斯认为，每个人都有潜能，这种潜能深藏在某个隐藏的自我里，这个隐藏的自我可能他自己和别人都看不到，这与现象学完全不同。这导致了一种非常私人化的心理学，在这种心理学中，主观知识被赋予了特权，永远不会面临别人的挑战。正如我们在第三章看到的那样，这就是凯利在宣布个人建构理论不是一种现象学形式时反对的。讽刺的是，个人建构理论也许比罗杰斯的人本主义理论更接近欧洲的存在主义现象学。③

---

① 凯利明确承认二元论是一个问题，并在转换癔症和心理障碍的躯体症状的背景下讨论它。Kelly, G. A. (1955). *The Psychology of Personal Constructs*. London: Routledge, p.872.

② Merleau-Ponty, M. (1962). *Phenomenology of Perception*. London: Routledge. 在这本书的前言中，梅洛-庞蒂写道："真理并不只存在于'内在的人'，或者更准确地说，没有内在的人，人存在于这个世界，只有在这个世界上，他才认识自己。"（p.xi）

③ Holland, R. (1977). *Self in Social Context*. London: Macmillan.

核心建构

61　　　我们已经确定，个人建构理论中没有一个拥有内在认知实体地位的自我的空间。毫无疑问，一些内在的"陀螺仪"会无声地引导个体走向自己的命运，以实现一些可能被挫败的内在潜能，从而导致神经症症状。尽管如此，凯利并不认为人会漫无目的地被刺激、话语或其他外部力量左右。一个人的行动和运动是有方向的。为了理解这一点，凯利使用了核心建构和核心角色的比喻。这个比喻本身告诉我们凯利对人的理解。果核是水果的中心，果核是由不同于果肉的物质组成的。实际上，对水果来说，果核比果肉重要。苹果的果核支撑着果实的结构，包含着繁殖必需的种子。苹果或梨这样的水果与洋葱这样的蔬菜大不相同。我们一层层剥开洋葱，在中心找不到任何东西，内层与表面完全相同。凯利认为，人有一个核心，一个对人的存在至关重要的核心。核心与自我的概念之间有着明显的相似之处。

　　　"核心建构是支配人维持过程的建构，也就是说，是人维持身份和存在的建构。"①注意，人的核心仍然是由建构组成的。在这个意义上，人不同于水果。在水果中，果核的物质组成与果肉不同。对凯利来说，理论的一致性是重要的。凯利坚持认为，建构本身是人类生存的基础。除此之外，没有什么比建构更重要的了。核心或自我本身是一个建构，而不是个人建构心理学领域之外的某种笛卡儿式的物质。但很明显，一些建构比其他建构更重要，对"维持身份和存在"更重要。

　　　在人类共同生活的社会世界里，把自己定位为某种人是很重要的。同样，其他人（或者至少那些对我们很重要的人）把

---

① Kelly, G. A. (1955). *The Psychology of Personal Constructs*. London: Routledge, p.482.

我们定位为某种人也很重要。社会生活是在共享意义基础上进行的，没有共享意义，社会生活是混乱的和无序的。我知道我要处理的事是很重要的，也许我必须处理的一件重要的事就是我自己的行为。如果我不能理解你，我可能会感到困惑。但如果我不能理解我自己，我可能会陷入更大的麻烦之中。正是为了预测和理解世界，我们的核心建构才得以发展。我们认为，在某些方面自己与他人相似，但同时又觉得自己在某些方面与众不同。凯利认为，这就是自我概念的含义：

> ……在适当的语境中，自我是恰当的概念或建构。自我是指在某种程度上相似而又必然不同于其他事件的一组事件。事件的相似之处就是自我。这也使自我成为一个区别于其他个体的个体。①

我们也许应该谈论自我理论，而不是自我。因为自我是一个需要加工的建构，而加工是为了让我们的行为有意义。但重要的是要认识到，把某物称为"建构"并不是否认它在某种意义上是"真实的"。我们被社会制度包围着，这些社会制度固然是建构，但其影响却足够真实。金钱和法律的存在都依赖共同的意义，没有共同的意义，社会建构就会崩溃。同样，从这个意义上说，个人的建构也是真实的。我们建立在个人建构的基础上，利用个人建构来掌控世界。就像所有建构一样，个人建构的存在依赖于有用性，而不是真理性。

那么，核心建构（即我们的核心建构集）的必要特征有用吗？凯利认为，为了心理健康，核心建构应该是"全面而

①　Kelly, G. A. (1955). *The Psychology of Personal Constructs*. London: Routledge. p.131.

不通透的"。① 凯利在这里使用了两种建构：全面建构与偶
然建构、通透性建构（permeable construct）与不通透性建构
（impermeable construct）。② 全面建构比偶然建构的影响范围更
大。偶然建构可能很重要，但它只涉及一小部分事件。从定
义上讲，上级建构比下级建构更全面——上级建构包含下级建
构。因此，艾米（Amy）可能认为自己是一个体贴周到的人
（而不是一个专横自私的人）。体贴和关心可以包含各种相对次
要的特征——善于倾听，乐于把别人的利益放在自己的利益之
前，照顾比自己不幸的人，等等。体贴和关心可能是一个可发
展的核心建构，因为它不够具体和广泛，不足以为艾米的行为
提供一个良好的工作准则。通透性建构是对各种新事件开放的
建构，而不通透性建构则是相对封闭的建构。显然，优秀的
"科学家"（个人建构理论的基础）必须有一个足够通透的建构
体系。如果建构体系不够通透，不能依靠该建构体系来理解一
个人面临的事件，那个该建构体系就不能预测世界。那么，为
什么核心建构又不能"过于通透"呢？因为一个人的自我认同
需要一定的稳定性，尽管这是以 100% 准确的自我形象为代价
的。如果艾米因为偶尔说一些批评别人的话而陷入自我怀疑，
或者当她面对别人提出的要求时坚持自己，她将无法保持任何
身份或自我理论。没有人可以一直完全无私，每个人都必须平
衡自己的利益和他人的利益。想象一下，如果你总把别人放在
第一位，那么这就相当于自欺欺人。因此，建构相对不通透保
护人不受太多变化的影响——因为它不承认每一件事都在它的
解释范围内。也许艾米所能做的就是把一定程度的自我批评融

① Kelly, G. A. (1955). *The Psychology of Personal Constructs*. London: Routledge, p.482.
② Kelly, G. A. (1955). *The Psychology of Personal Constructs*. London: Routledge, p.482.

入"体贴和关怀"的核心建构中去。通过整合"批评"这种下级建构来阐述核心自我建构，要比任由那些动摇核心自我建构基础的事件摆布要好得多。

通过这种方式，一个人获得某种身份的稳定性。凯利认为，这可以让一个人退一步，从而获得一个视角。若人只专注于瞬间的互动，就会使其缺乏这样的视角。从事人格研究的心理学家一直在争论，我们的行为在多大程度上是由人格特质决定的而不是由我们所处的环境决定的。例如，我们知道，人们太容易服从形势的要求，甚至到了对他人残忍得毫无道理的程度。[①] 然而，并不是所有人都是这样的。那么，"人格"是如何控制行为的一致性的呢？凯利对此的回答是，事实上没有什么能与其他事物保持一致或不一致。所谓体谅、残忍和自私，是一个解释和建构的问题。这个世界本身并没有标签，这些标签是我们为了理解事物而赋予它的。艾米可能一直是一个体贴周到的人，但所谓的证据基本上都是个人的解读。当然，她会受周围社会环境的影响，但是个人建构决定了对她自己行为和他人行为的定义。

但是，当证据表明自我建构解释不通时，会发生什么呢？这就是凯利定义的"威胁"——意识到一个人的核心建构发生了全面变化。[②] 如果艾米意识到她不再是一个关心和体贴他人的人，那么她会觉得这是一个很大的威胁。请注意，凯利区分了焦虑、恐惧和威胁的情绪。每种情绪都有相似的身体感受，比如，心跳加快和不祥感。但是，这些情绪的起源是不同的。焦虑是人们意识到自己面对的是自己无法理解的事物时产生的

64

① Milgram, S. (1974). *Obedience to Authority*. New York: Harper.
② Kelly, G. A. (1955). *The Psychology of Personal Constructs*. London: Routledge, p.489.

情绪，而威胁则是人们意识到自己不想面对的事物隐隐出现时产生的情绪。凯利一如既往把重点放在心理治疗上。这将在第六章详细阐述，现在只需指出，"威胁"是心理治疗行业的一个共同特征。人们经常把他们的问题想象成疾病来寻求治疗师的帮助。当你身体生病时，你肯定想摆脱疾病的困扰。但是，当你想变得更自信，不再抑郁和沮丧时，你病的方式就不一样了。假设艾米已经确信，她需要更多为自己着想，而且在面对专横的人时不那么被动，那么她可能会发现，仅仅学会维护自己，对别人的要求说"不"就可能对她的核心建构产生影响。对某些人来说，关心和体贴可能只是凯利所说的"外围建构"，而不是"核心建构"，它可以在核心建构没有受太大影响的情况下改变。但如果说"不"对艾米来说证明了她不是一个关心和体贴他人的人，那么艾米可能会发现，改变对她来说是有问题的。

核心角色

　　与威胁一样，负罪感表明一个人的建构系统正处在过渡期。只有当心理发生变化时，人们才会体验到这些情绪。但是，凯利认为，负罪感的体验是"一个人核心角色在心理上的放逐"——一个人丧失了他建构的核心角色。① 角色的概念在个人建构理论中占有关键地位。角色把我们的注意力从人的"内心"转移到人与人之间的互动上。在凯利看来，当一个人按照别人对她的期望行事时，她就扮演了一个顺从别人的角色。然而，人并不总是顺从，也可能反抗。不管是顺从还是反抗，人的行为都是由她对别人想法的评估来决定的。如果

65

---

① Kelly, G. A. (1955). *The Psychology of Personal Constructs*. London: Routledge, p.505.

萨拉（Sara）因为山姆（Sam）想出去喝酒就决定不出去喝酒，因为她厌倦了做他想做的事，那么她就在扮演一个与他有关的角色。这是凯利关于社会性的一个例子。如果山姆是萨拉生活中一个并不重要的人，那么山姆的决定对萨拉可能并没有什么影响。但是，如果山姆是萨拉生活中的一个核心人物，那么萨拉的决定可能会引起萨拉的负罪感。这是因为萨拉在与山姆的关系中扮演的角色（角色关系）很可能是萨拉核心角色建构的一部分。

在这里，我们看到角色在个人建构理论中的重要性。与罗杰斯的人本主义相比，个人建构理论强调的是自我理论的社会建构。在人际互动之前，不存在神秘的、本质的自我实体。相反，每个人都是角色关系的产物。我们根据重要他人对我们的期望来塑造自我。我们每个人最终得到一个核心角色，一种建构。然而，这个核心角色并不是不真实的，它指导我们的社会生活，构成我们社交行动的基础。这意味着，核心角色有不同的组合方式，并且可以（尽管很难）被修改。负罪感的经历向我们暗示了我们核心角色建构得不充分。我们发现自己处于一种不舒服的过渡状态，意识到我们需要在我们的人际关系或如何看待自己方面做一些调整。但是，在个人建构理论中，社会性显然比乍一看更重要。凯利用"社会性"这个概念来说明我们应该如何对待他人。这与科学无关，而与伦理有关。凯利的一个学生辛克尔说："是的，我想，我确实认为个人建构理论是一个隐含的道德体系：想象一下，在这样一个世界里，我们把彼此理解为人！"① 与将人理解为人形成鲜明对比的是，将人视为机器人，机器当然不像人一样有意识。凯利认为，只有精

---

① Hinkle, D. (1970). The game of personal constructs. In D. Bannister (Ed.). *Perspectives in Personal Construct Theory*. London: Academic Press.

神病患者才真正把别人当作刺激—反应的机器。

在日常生活中，我们领悟别人的意图，并据此行动。我们不仅通过他人的行为，还通过他人的意图来判断他们。当有人在繁忙的街道上撞到我们时，我们接受他的道歉，因为我们知道，他只是不小心，并非故意。当我们开车时，我们总是能读懂其他司机的意图，调整我们的驾驶方式以适应其他司机的驾驶。我们分析他人的建构，并在其中扮演尊重他们的角色。所有这些都不是什么新奇的想法，但早期的行为主义者却试图把人类的行为看作是纯粹的习惯，不受意图的影响。凯利认为，行为是建立在理解他人的基础上的，这在今天并不需要过多的争论。但凯利认为，我们应该根据我们对他人的理解来作出行为，这是一种道德主张。我们将在第五章讨论这个问题。

66

第五章 选择的问题

1955 年《个人建构心理学》出版后，凯利应邀在美国和
世界各地很多著名的心理学家会议上发表演讲。同时，凯利
还在学术期刊和心理治疗书籍上发表或撰写了一些论文或篇
章。显然，演讲允许演讲者采用一种不同的、非正式的语言风
格。1955 年出版的《个人建构心理学》最初是一本临床手册，
后来发展为一种人格理论。受邀参加各种演讲可能让凯利在阐
述其理论时更具冒险性和命题性。但是，在凯利 1955 年出版
的《个人建构心理学》和之后的演讲内容中，我们可以发现凯
利语言风格和重点的转变。在本章中，笔者将着重讨论三个主
题：行为、选择和道德。这三个主题并不是独立存在的，而是
与人的处境有关，它们使人联想到存在主义哲学。考虑到这一
点，我们将更多地思考凯利的实用主义和基督教根源。

行为

在 1955 年出版的《个人建构心理学》中，凯利提出"人
是科学家的原型"。几乎同时，凯利也宣称，人是"一种运动
形式"。[①] 这两种主张都反映了杜威的实用主义观点。杜威强调，

---

① Kelly, G. A. (1955). *The Psychology of Personal Constructs*. London: Routledge, p.48, p.732.

人正在探究世界、开展实验和提出假设。人并没有迷失在沉思之中。杜威认为，在理解人时，行为的概念至关重要。人所做的每一件事都包含心理过程。杜威坚决否认反射弧是心理学的基本单位（见第二章），他认为，这会导致心理学关注"行动"——一种由刺激决定的非情境的机械运动，就像由强光决定的瞳孔收缩一样。人类的行为充满了目的和意图，行为与行为对我们的意义是密不可分的。当我们看到有人把别人推开时，我们看到的不仅仅是行动，而是一种攻击性行为。我们不会把一些碎小的信息拼凑在一起，然后推断其意义。相反，我们的感知是由我们对他人意图的把握引导的，是"自上而下"，而不是"自下而上"的。

> 除非已经理解了一个人行为的本质，否则很难从观察到的肌肉运动或听到的话语中找到意义。在处理人类行为时，我们不可避免要面对人类的聪明才智。这就是大多数心理学派分裂和对立之处。[1]

和杜威一样，凯利认为，西方的思想被它接受的各种二元论误导了。它将心理与身体分离，手段与目的分离，并将人从他所处的环境中分离出来，徒劳地试图发现行为的因果法则。在行为主义中，行为是环境刺激的结果，而心理则被完全抛弃。

人是一种运动形式，强调的是人类行为的持续性。我们总是在做一些事情，参与这样那样的项目。因此，我们的行为不需要解释，也不需要"动机"——那些正统心理学认为能激发

[1]　Kelly, G. A. (1969). Clinical psychology and personality. In B. Maher (Ed.). *The Selected Papers of George Kelly*. New Jersey: John Wiley & Sons, p.16.

和引导行为的力量。将人类行为解释为动机驱使的结果是为了证明人在本质上是惰性的。就像一辆汽车或一辆摩托车，我们需要知道它为什么运动以及如何运动。对于律师来说，动机是一个人行为的理由。因此，法律建立在常识和语言使用的基础上，并根据一个人的解释来确定动机。相比之下，对于正统心理学家来说，动机是生物机器内部的一种力量，它能促使人们行动。动机是行动的起因而不是行动的理由。一般认为，通过适当的活动和满足可以减少饥饿、口渴和性等生物学驱力。人都要受减少生物学驱力的机械冲动驱使，目标是回到平衡状态。罗杰斯和马斯洛（Abraham Maslow）等人本主义者对这种由缺失驱动的行为动力不满意，他们增加了成长和自我实现的动力。早期的行为主义者没有涉及太多的动机，因为对他们来说，是环境中的刺激，而不是内在的力量使人行动。但是，无论这些力量来自内部还是外部，它们都是确定性的描述，与个人建构心理学非常不同。人们总是在做一些事情，从事一些项目或其他工作。在日常生活中，只有当人们的行为对我们来说是一个谜时，我们才会问行为动机的问题。当别人的所作所为给我们带来麻烦时，我们才关注其行为动机。如果有人喜欢收集邮票，这并不会引起很多人的注意。但是，如果他喜欢收集纪念纳粹的邮票，我们可能很想知道他收集邮票的动机是什么了。如果他表现得像个纳粹分子，那么人们肯定会继续问与动机有关的问题：他怎么了？这与他的成长经历有关吗？

　　通常，动机性解释强调了一个人"异乎寻常"的行为。精神分析学家可能会将避免焦虑或拒绝表达强烈的愤怒作为某种行为背后的动机。像斯金纳这样的行为主义者，会在他的理论系统中把这个解释看作是一个负强化的例子。① 但建构替

---

① Skinner, B. F. (1974). *About Behaviourism*. New York: Bantam Books.

换论提醒我们，我们可以从不同的角度来看待同样的行为。正
如我们所看到的，可以将焦虑理解为面对自己无法理解的事时
产生的情绪。凯利认为，当我们面对自己无法解释的事时，焦
虑就产生了。因为焦虑是一种不舒服的感受，我们可以认同精
神分析师和斯金纳的观点，即我们有避免焦虑的动机。但我们
可以把避免焦虑看作是一种形成意义的运动，这是个人建构心
理学的重点。与其把一个人的爱好——也许是集邮或者玩战争
游戏——看成是为了避免焦虑的某种病态，不如把它看成是他
生活意义来源。凯利认为，自发活动告诉我们一个人经验最丰
富的领域在哪里。当我们考虑为什么人们可能会追求危险和刺
激时，这是一个特别有用的表述。[①] 毕竟，总有一些人喜欢刺
激的活动、危险的运动和有风险的性接触。在这里，简单的享
乐主义很难给出一个令人满意的解释。尤其是当人们不认为这
是对潜意识力量的逃避时，猜测他们在逃避什么，显然是徒劳
的。他们可能完全没有意识到某种自我伤害的驱力。如果一个
人对他正在做的事情感到困惑和不满，那么问这个问题也许是
合理的。但是心理学家并没有占据一个无所不知的高地，让他
们可以自信地宣称他们比别人自己更清楚别人在做什么和为什
么这样做。这并不是心理学家的专长所在。凯利认为，如果我
们想明确地知道某人在做什么和为什么这样做，我们应该先问
问他们。他们可能不准备告诉我们，因为他们不能准确地说出
他们为什么会这样做。只有当我们考虑他们的实际情况和原因
时，帮助他们作出改变才是有效的。

对于驱力理论家来说，行为是一个因变量，它依赖于并
由生物学自变量决定。与其说驱力模型认为"人是科学家的原

---

① Kelly, G. A. (1955). *The Psychology of Personal Constructs*. London: Routledge, p.735.

型"，不如说"家猫是科学家的原型"——吃饱喝足了，它就睡觉。但对于凯利来说，行为或行动本身就是一个自变量，它不是由任何东西决定的。行为或行动不是一个答案，而是一个问题，一个由"作为科学家的人"进行的实验。建构提供了进行此实验的通道。凯利在《个人建构心理学》第二卷"活动评估"一章详细阐述了这一切。然而，建构的定义（两个物体相似又不同于第三个物体）可能会让我们认为，建构本质上是一种认知实体。建构带来了一种抽象的概念，一种用来理解物体意义的认知维度。例如，我们可以把人、家具或电子设备等物品视为可解释的"对象"。事实上，解释是我们理解这些物品的唯一方法。

　　然而，人本身就是一种运动形式。在日常生活中，我们不是先思考再行动，而是与他人一起行动，大部分时间是不顾一切、不假思索地行动。我们根本没有时间去思考我们所做或所说的每一件事。想象一下，如果我们每次行动前都要先思考，那我们的生活将会成为什么样子。我们会在生活的各个方面都成为强迫症患者。以讲话为例，如果我们在讲话前要先想好要讲什么，那我们就没法顺畅地交流了。然而，我们所说的和所做的通常都是有意义的。有时候，我们会有意表达惊讶或震惊，大多数时候，我们发现自己能非常轻松地表达自己的所思所想。有时候，我们可能会努力寻找合适的词语，或者仔细思考我们要做什么，但是这是例外，不是常态。如果这种深思熟虑是人类行为的典范，那么自我意识和强迫症将会让人类深感绝望。社会生活之所以成为可能，是因为我们用行为和思想建构了社会。行为不是深思熟虑的结果，但行为却有其意义。正如我们所看到的，凯利拒绝将一个人的过程分为认知、情感和行为。解释并不只属于认知领域，个人建构心理学也不属于认知心理学。

71   选择

1958 年，凯利受邀参加一个关于动机的研讨会。① 该研讨会要求参与者围绕九个问题撰写论文。凯利认为，这九个问题都假设"人是被动的"，即需要动机力量才能让这个人行动起来。因此，凯利重申了他的观点，即人是一种运动形式。

> 今天，我们的现代心理学以（与古希腊人）同样的视角来研究人类。人被视为自然状态下某种静态的东西，因此必须附加动作、生活和行动。在物质上，人仍然被视为某种类似大理石的东西，而古希腊人则用大理石雕刻出动作自然、飘逸优雅的雕像。我们今天大部分心理学理论认为，只有通过特殊的激活力量，人才能活过来。我们称这些力量为"动机""激励""需求"和"驱力"。因此，正如物理学家必须建立能量结构来填补他们因过早假设一个基本静止的宇宙而留下的空白一样，由于心理学对人基本性质的假设不充分，因而不得不给自己加上一个必要的结构。②

凯利这里提到的"现代心理学"指的是前面提到的驱力降低理论。凯利把现代心理学比作原始科学，强调杜威对行为心理学的坚持。但是"动机"不仅要考虑驱力，还要考虑行为的方向。尽管人是一种运动形式，我们仍然需要理解为什么这种

① 这是一个由林赛（Gardner Lindzey）组织的研讨会。Kelly, G. A. (1969). Man's construction of his alternatives. In B. Maher (Ed.). *The Selected Papers of George Kelly*. New Jersey: John Wiley & Sons.
② Kelly, G. A. (1969). Clinical psychology and personality. In B. Maher (Ed.). *The Selected Papers of George Kelly*. New Jersey: John Wiley & Sons, p.80.

运动是朝着一个方向而不是另一个方向。驱力降低理论试图通过体内平衡运动来实现这一点，认为快乐是一种简单的没有痛苦和需求的东西。这就好像一个闹钟在下丘脑响起，而只有当这个生物满足了对食物、饮品或性的需求时才会安静下来。而更复杂的驱力（例如，地位或认可）则通过简单的条件作用和联想来解释。

当我们思考日常生活时，这些解释的不合理之处就变得显而易见了。为什么人们有时喜欢接受挑战，喜欢看恐怖电影，喜欢参加惊险的体育运动？我们如何理解猜火车、收集士兵模型、玩拼图和阅读小说的行为？是什么让人们沉迷于明知道自己会输的争论，继续明知道会受到惩罚并让自己和其他人都感到不安的行为？运动当然可以将人带到一些非常奇怪的方向。这对观察者来说很奇怪。和往常一样，个人建构理论试图从参与者而不是观察者的角度来研究行为，理解发生了什么。正如我们所看到的，从个人建构理论的角度来看，自发行为表明了那些对人有丰富意义的领域。有时，人们发现自己的感觉、情绪和行为方式是有问题的。在这种情况下，凯利认为，问"什么东西会影响（或激励）这种行为"是没有意义的。这是一个错误的问题。相反，我们应该问"为什么这个人选择这样做"。凯利的论点是，我们不是被迫像神经症一样行事，我们是自觉选择这样做的。乍听起来，这像是在责备受害者，但凯利的"选择"的概念是一个精心设计的概念，他所说的"神经症并不是精神疾病的被动的受害者"得到很多心理治疗师的认同。

有趣的是，大多数心理治疗系统都是先用相对简单的治疗方法来治疗心理痛苦，然后再对这种痛苦进行更复杂的描述，并对其进行治疗。弗洛伊德最初设想的是，在短时间内进入潜意识状态，继而处理被压抑的精神创伤，并反对进行无休止的

72

精神分析。行为治疗师最初认为，简单的反条件作用可以缓解神经症焦虑，但他们很快发现，这种方法只有在最简单的恐惧症中才能发挥作用。伯恩（Eric Berne）对"人类的游戏"进行了著名的分类。伯恩认为，"人类的游戏"目的是继续上演那些弄巧成拙的"剧本"，并且认为人们寻求治疗师的帮助不是简单地想要被治愈，而是为了成为更好的神经病患者。① 迟早，所有的治疗方法都要面对一种奇怪的抵制，即部分来访者抵制改变。大多数处于神经性痛苦（neurotic misery）的人都想摆脱这种困境，但同时，他们往往又弄巧成拙，使得上述状态长期延续。

这一矛盾通常被认为是神经症形成过程的一个特征，它巧妙地揭示了行为主义解释行为的局限性。对于斯金纳来说，人们的行为之所以如此，是因为过去，在这种行为之后的结果加强或强化了这种行为。那么，为什么简（Jane）会生气并和她的伴侣争吵，而这总是让她更生气？因为生气一定是一种强化物。但是，实际上，简似乎并不想生气。事实上，这可能是简接受心理治疗需要处理的问题的焦点。为什么生气会起到强化作用？当然，我们不能用简单的享乐主义来解释这一点。这就是为什么其他治疗师会假设一个动力性潜意识的东西（见第七章），用它来解释神经症悖论。简认为她并不想生气，但一定有某种她不知道的力量在影响着她。在日常生活中，行为的方向肯定是一个谜，在作出自我伤害的行为时，行为的方向往往

73

---

① 伯恩是交互分析的倡导者。读者可能熟悉他的建议，即我们根据不同的"自我心态"，即父母自我心态、成人自我心态和儿童自我心态来看待人。"父母自我心态"指的是以一种控制和指导倾向的姿态与别人交流；"成人自我心态"是指以一种理性的姿态与别人交流；"儿童自我心态"是指以一种依赖性的姿态与别人交流。伯恩的书《人类的游戏》（*Games People Play*）是1964年的畅销书。

是一个问题。凯利用"选择"的框架回答了这个问题。①

当我们提到"选择"的时候，我们可能会想到，我要喝啤酒还是红酒，要吃咖喱还是吃比萨。换句话说，我们要在两个选项中作出选择，这两个选项有不同程度的愉悦。但是，选择也常常在两个不愉快的选项之间进行，这种选择被称为"两难选择"。面对严刑逼供，你是否会泄露情报？这是一种极端情况下的两难选择，我们很少有人会面临这种两难困境。如果你说"我没有选择，我必须告诉他们"，那么这就意味你在面对这种情况时做出泄露情报的选择。但有些人可能不这么做，确实会有一些有非凡勇气的人会坚持自己的信仰，即使严刑逼供也不放弃自己的信仰，甚至为此献出生命。你的选择是可以理解的，但它只是一个选择。在日常生活中，很少有简单的好或坏的选择，大多数选择都是成本和收益的复杂混合体。两个选项都很重要的重大的人生决定，有时候并不清晰可见，而一旦作出选择了，便不可逆转。在你还没作好准备的时候生孩子或者决定移民，即使移民意味着你与朋友和家人分离，这都不是可以轻易作出的决定。选择是痛苦的，因此我们想出各种巧妙的办法来欺骗自己，企图逃避选择的责任，这也就不足为奇了。

在《个人建构心理学》中，凯利概述了决策过程的周期。凯利认为，决策周期有三个阶段：周视（circumspection）、先取（pre-emption）和控制（control）。决定是否生孩子将涉及不同的问题。人们可能会想到生活方式改变，积蓄减少，房屋空间需要重新设计，以及要扮演养育者的角色等问题。周视指

74

<hr>

① 对选择和责任的强调引发了许多与萨特、弗兰克尔和弗洛姆的存在主义的比较。在后文中，这将变得更加明确。另请参阅"心灵塑造者：心理学大师及其影响"丛书《埃里克·弗洛姆：人类处境的探索者》。

的是平衡好这些需要考虑的因素后，作出决策的那个阶段。此时，各种潜在的利弊都有可能被识别出来。在先取阶段，个体会挑选主要的建构。比如："我是否想当母亲？"当然，对于不同的人来说，主要建构将有所不同。但是，先取建构具有"只不过"的性质——这只不过是我是否想要为人父母的问题。一旦这个过程进入周期的最后阶段，接下来的重点便是控制或选择了。这些人必须选择他们是否想成为养育者——这就是问题所在，金钱、人际关系等也都必须落到实处。我们可以看到，有些人可能很冲动，缩短了周视阶段，仓促地通过先取阶段作出选择。另一些人可能优柔寡断，在周视阶段徘徊太久，从不作出选择。但我们必须作出选择。犹豫不决和优柔寡断本身就是一种行为。如果有人在是否要做母亲的问题上拖延太久，最终会为时已晚。

事实上，不作选择往往是人们否认自己作选择的一种方式，然而它却决定了人们的人生轨迹。存在主义者萨特（Jean-Paul Sartre）将这称为"不诚实"（bad faith）。萨特对人类的自由有着相当苛刻的理解，声称人类从来不会被习惯、角色或其他任何东西限制。你可能会说，"我只是服从命令，做自己的工作"，但面对折磨他人的命令，你可以选择不服从。被折磨的人可以选择不背叛他的朋友——他可以选择忍受极度的痛苦。萨特认为，尽管我们不能自由去做任何我们想做的事情（例如，有物质和金钱等无数限制），但对于我们选择做的事，我们可以持有自由的态度。我们不需要完全赞同萨特的观点就能认识到不做事本身就是一种行为选择。即使这个人是在避免做什么，他也总是在做一些事情。在这里，两极建构的概念可以帮助我们理解可能发生的事情。

人们思考、感觉和行动的方式，必须在特定的意义产生系统——他们的个人建构系统中才能得到鉴别。"我应该做个母

亲，还是继续保持现状？"这很有可能是一个年轻的女人随着
年龄的增长不断问自己的一个问题。这是一个重要的个人建构
的表达，正如笔者反复论证的那样，我们最好将建构理解为我
们做的事，而不是我们拥有的建构实体。[①] 建构就像问题一样，
你可以说我们"有"问题，但更准确的说法是，我们提出了问
题。但提出的任何问题都不是孤立的问题——提出一个问题必
然涉及其他的问题。例如：这对我的人际关系会产生怎样的影
响？我是否准备从工作中抽出点儿时间？我们是否面临资金短
缺的压力？我的友情模式将如何改变？等等。建构是建构系统
的一部分。我做的事情，将会在整个建构系统中引起反响。在
这个例子中，不做母亲仍然是在作选择。她选择了保持"我本
来的样子"这个选项，这个选择对整个建构系统都有影响。通
过周视，这个女人可能会思考什么是建构系统的关键特征，什
么是核心特征，什么是边缘特征。但最终，她必须作出选择，
离开这个问题领域不是一个选项，但什么也不做本身就是一种
选择。

在心理治疗中，人们通常想努力作出一些改变。他们可
能想改变他们的行为方式、他们看待事物的方式或者他们感
觉事物的方式。他们可能认为治疗师做些什么或说些什么他
们就能神奇地实现这一点。但他们最终会发现，一旦作出改
变，相关的一系列事物都会跟着发生改变。你不能说"请治好
我的抑郁，但不要改变我"，或者"我想要少些焦虑，多些自
信，但除此之外，我想保持原样"。凯利关注心理治疗，在心
理治疗中，选择的问题尤为突出。用凯利的话说，核心建构即
将发生的变化会带来一定的威胁性。蒂姆（Tim）可能想要更

75

---

① 这是笔者在其他地方详细阐述的一个主题。Butt, T. & Burr, V. (2004). *Invitation
to Personal Construct Psychology* (2nd ed.). London: Whurr.

自信（而不是更害羞），但这可能会使他变得更加果断（他把这种果断和自信等同于攻击性）。这看上去似乎实现了更自信的目标，但是蒂姆的自我理论想将他自己定义为一个体贴和善解人意的人（而不是一个有攻击性的人）。因此，改变涉及非常多的隐含的困境。毫无疑问，简单的技能训练并不总是以人们喜欢的方式改变他们。学会自信不像（或者通常不像）学会骑自行车那样简单，把自己看成一个会骑自行车的人，不太可能有深沉和隐藏的暗示，但改变一个人的社交技能很可能会在他的系统中产生其他影响。当然，并不总是会有这些问题，而且社交技能的培训有时也可以做得很好。但你要知道，改变涉及的不仅仅是简单的学习，我们总是要考虑社会建构的平衡。

虽然在治疗师或者另一个观察者看来，果断和自信并不等同于攻击性，但关键是蒂姆是这样认为的。个人建构是个人的，因为它们是通过现象学来定义的，即行为者自己如何看待这件事。个人建构系统不是一个由逻辑上的对立面组成系统，而是一种心理逻辑系统，一种帮助人们预测事件的心理逻辑系统。对蒂姆来说，别人所谓的自信是他有攻击性的证明，这一点他承受不起，因为他把自己的核心建构塑造成一个善解人意的人。改变会带来威胁，而这正是那些不理解他核心建构的治疗师可能会面对的阻力。凯利在他的选择推论中总结道：

> 一个人在两极建构中为自己作出了另一种选择，通过这种建构，希望他的系统更具扩展和定义的可能性。①

① Kelly, G. A. (1969). Clinical psychology and personality. In B. Maher (Ed.). *The Selected Papers of George Kelly*. New Jersey: John Wiley & Sons, p.88.

如果让蒂姆在攻击性和体贴周到之间作出选择，蒂姆很可能会选择后者。值得注意的是，"选择"并不在动机理论家熟悉的享乐主义的术语框架中。选择并不会带给你最大的快乐或奖赏，替代选择是提供"更大的扩展和定义的可能性"。在这里，我们看到凯利在1955年介绍他的理论时，所用词汇中的一个问题。当时，凯利积极地向心理学家推广个人建构理论，他以一个基本假设和十一个推论的形式，提出了他的理论。在前言中，他告诉我们，对于20世纪50年代的心理学体系来说，他担心他的理论太过异端。但这些浓缩的假设和推论采用的准工程词汇很难与凯利的人本主义意图相契合。"系统的扩展和定义"听起来像是在谈论机器的某个方面。这些词汇让我们想起了希斯-罗宾逊（Heath-Robinson）的某种装置，我们可以用扳手来修补它。此外，这听起来好像凯利想要鱼与熊掌兼得。毕竟，"扩展和定义"听起来有点矛盾。这个人需要做什么：扩展还是定义？确定不是同时进行吗？

因此，有必要将推论展开，以理解推论的意义。选择推论认为，在理解世界时，我们不太可能放弃我们依赖的方式。我们做我们知道该怎么做的事，并且有一种惯性，这种惯性会抵制任何根本的改变。这就是凯利所说的"定义"，也许所谓的神经症的来访者会选择更多的定义而不是扩展，他很可能会紧紧抓住飞机残骸，而不是冲出去，游进未知的水域。但对个人建构体系的阐述，既包括定义，也包括扩展。班尼斯特孜孜不倦地倡导个人建构理论，他曾用"行进中的军队"这个比喻来说明扩展和定义的优点。军队过度行进会导致物资耗尽，损害收益，但从不前进的军队不会赢得任何战斗。人们不仅要巩固和储备，还要不断地更新理解世界的方式，以跟上不断变化的生活节奏。

77

道德

关注选择不可避免会带来一些问题，这些问题既与行动自由有关，也与和人类行为关联的道德有关。如果我们被我们控制范围之外的力量驱动，被生理上的需求驱使，那么我们就不用对自己的行为负责。然而，如果我们的行为是一种选择，那么我们肯定要对自己的行为负责。凯利指出，自由与决定论的对抗本身就是一种建构，而不是在自然中发现的东西。因此，自由和决定论只是一个或多或少有用的建构。对凯利来说，人的行为是由上层建构引导的。如果蒂姆自己的核心建构包括善解人意，并不包括攻击性（正如蒂姆自己解释的那样），那么这将"决定"蒂姆一系列相对次要的行为。因此，他可能不愿与亲戚争论，不抱怨糟糕的服务，也不会说出他内心的真实想法。但这并不是简单的因果决定论。这意味着，蒂姆很难不这样做，因为他不能既不这样做，又坚持他珍视的自我理论。如果蒂姆获得自信会让他人不高兴，那么他可能会感到内疚。任何建构都是一个系统的一部分，是一揽子交易，而改变涉及系统内部的反响。正如萨特所认为的，从这个意义上说，人的自由不是绝对的。这在个人建构系统的语境中经常能看到。

尽管如此，我们还是不可避免要进行道德选择。我们可能不得不决定，是坚持原则还是背叛原则，我们不惜代价去支持一个需要帮助的朋友是否值得。一边做我们认为不道德的事，一边说我们不能做不道德的事，这是一种不诚实的行为。从个人建构的背景看待行为，就像援引环境因素来减轻罪行一样，尽管这不能成为行为的借口，但这使我们的行为变得可以理解。然后，其他人（和我们自己）来判断我们行为的对错。因此，视行动为自由，无论多么合情理，都不可避免会给个人建构理论带来伦理方面的影响。凯利在他后来的作品，特别是他

1962 年发表的文章《罪恶与心理治疗》(*Sin and Psychotherapy*)中提到这一点。① 在凯利的《罪恶与心理治疗》和他在 20 世纪 60 年代早期发表的一些作品中，突出了伊甸园神话（Eden myth）的特点。作为一个建立在犹太教、基督教和伊斯兰教基础上的故事，凯利认为，伊甸园神话讲述了一个中心故事——人类的堕落。

在《创世记》(*Genesis*)第三章中，亚当和夏娃在伊甸园里过着平静、无忧无虑的生活。他们的生活就是服从上帝，条件是遵循上帝的旨意。只要他们遵循上帝的旨意，他们就会得到物资供应。上帝告诉他们，除了知识之树上的果实，其他树上的果实他们都可以吃。如果他们吃了知识之树上的果实，也就是禁果，他们就可以明辨是非，变得像神一样。夏娃在蛇的引诱下吃了禁果，并将禁果也喂给了亚当。然后，他们就有了羞耻心，知道自己是赤身裸体的。于是，他们用树叶将自己的腰围住。《圣经》意义上的"知识"与"性"有关。出于某种原因，罪恶也与性密不可分。神发现他们偷吃了禁果，将他们从伊甸园驱逐出去，并告诉他们，现在摆在他们面前的是痛苦的生活。亚当和夏娃的儿子——该隐和亚伯发生了争执，该隐杀死了亚伯。这个故事很可能代表了一个民间的记忆，在人类定居的中东新月沃土，在人类发展农业之前（该隐和亚伯都是农民），人类还是狩猎采集者。随着文明的发展，所有的争端和战争都始于土地的占有、阶级的权威和奴役。在文明社会的早期，居民对上一个时代有一种怀旧的渴望，这也许这并不奇怪，因为那个时代被认为是黄金时代。但是，现存的宗教认为，这个故事是原罪的证据，《圣经》的内容从字面上来看被

---

① 这篇文章讨论的是凯利和他学生克伦威尔（Rue Cromwell）通信时讨论的一个中心观点。

认为是上帝的观点。因为不服从上帝，所以人生来被诅咒，人本质上是邪恶的，必须被恐吓才会屈服。

对于这个神话，凯利的研究方法是对其进行他所谓的个人建构分析。

> 在伊甸园神话中，似乎至少有三种基本的建构，每一种依次为人类提供了两种选择。第一种基本的建构出现，人类面临第一个选择——孤独与陪伴的选择。对于这个问题，人类选择了陪伴。当人类作出陪伴这个选择后，第二种基本的建构出现，人类面临第二个选择——无知与知识的选择。结果如我们所知，人类选择了知识。当人类作了这个选择后，第三种基本的建构出现，人类面临第三个选择——善与恶的选择。人类在这个选择上犹豫不决，善与恶已被证明有非常难以琢磨的价值，真的难以琢磨，以至于人类现在花费了大量时间试图违背之前作出的选择。人类希望能重新回到伊甸园，再也不用面对这一问题。①

这里的建构与行动和选择有关，建构不再是与认知实体相混淆的抽象概念。一个人面临一系列的选择，每一个选择都不可避免地导致另一个选择。当这一系列选择开始时，我们不清楚会在哪里结束。事后来看，我们可能会强烈希望我们作了别的选择，希望我们没有说过或做过使我们陷入麻烦的话或事情，但是时间不会倒流，我们不可能回到过去。

凯利接着列举了一些人们用来避免选择的方法，一个常见的方法是遵循一套严格的规则，服从上级的命令，相信法律。

---

① Kelly, G. A. (1969). Clinical psychology and personality. In B. Maher (Ed.). *The Selected Papers of George Kelly*. New Jersey: John Wiley & Sons, pp.169–170.

但是，正如我们从战争罪犯的审判中知道的，"只是服从命令"绝不是不道德行为的借口。将我们行为的决定权置于上级建构，只能缓解压力，但不能成为行为的借口。这就像在问"如果你处在我的位置，你会怎么做？"上级控制是社会性的，而不是个人性的。人们尝试了很多其他的方式来过美好的生活，例如，与世隔绝，过自律的生活，生活在纯真中，希望通过专注于其他事情来逃避善与恶的选择问题，这些都是人们经常尝试的方法。我们在这里看到的个人建构相当于萨特的"不诚实"概念。凯利举了一个关于逃避的例子。

> 哲学家、患者和我们中的很多人偶尔会出现这种情况。我注意到，科学家一直在尝试。他们似乎认为，如果他们把注意力集中在研究上，善与恶的问题就会消失，不再困扰他们。但据我所知，这些招数都没有奏效。[①]

最后，凯利认为，人类无法逃避善与恶的选择问题。凯利之前的一位学生克伦威尔在与凯利长期通信中，质疑了凯利对善与恶这一构想的坚持。难道凯利真的放弃了他的主要信条——现实总是建构出来的，而不是创造出来的？凯利的回答是，我们可以而且应该继续修正善与恶的定义，但我们应该认识到，善与恶仍然是管理人类生活的一个不可或缺的建构。克伦威尔无疑是正确的。在《罪恶与心理治疗》中，我们看到与《个人建构心理学》一书中截然不同的凯利。在《个人建构心理学》中，凯利建立了一个超越人类建构的善与恶的维度。他声称这是关于存在的基本真理，这是人类无法超越的。《创世

[①] Kelly, G. A. (1969). Clinical psychology and personality. In B. Maher (Ed.). *The Selected Papers of George Kelly*. New Jersey: John Wiley & Sons, p.170.

记》中的故事提醒了我们人类所处的困境，我们每个人都被抛
到这个世界上，被迫作出选择，这些选择不可避免会给人带来
焦虑和内疚。但是，选择是不可避免的，我们尽我们所能去
做，永远不知道我们的行为以后会如何被评判。也许我们不能
从他人建构系统的角度看到他人能看到的一切，也许我们以后
会根据我们自己建构的完善程度来判断我们的行为是否道德。
这就是罪恶感。知道自己已经失去了核心角色建构，从所爱的
人的角度审视自己，判断自己想要什么，这对我们的心理来说
是有害的。

　　《罪恶与心理治疗》关注的是那些寻求心理帮助的人，特
别是那些有罪恶感的人。凯利认为，罪恶感的定义是个人的，
一个人认为有罪的事，另一个人却不这么认为。我们每个人都
建构了一个核心角色，在个人建构理论中，与这个核心角色的
偏差就是罪恶感。或许我们可以看到，凯利的思想源于长老会
主义（Presbyterianism）。人们记得凯利提倡的"人是科学家"
指的是新教改革后人如何成为自己的牧师。罗马天主教会通过
向神父忏悔和寻求宽恕来处理罪恶感。路德最终与天主教会决
裂，因为向神父忏悔或寻求宽恕这种做法将导致腐败，例如，
罪人可以通过购买赎罪券来获得赦免。当人成为他自己的牧师
时，至少这种腐败会消失。但这是有代价的，人只能自己与自
己的罪恶感作斗争——不能简单地通过一些强制性的仪式洗去
自己的罪恶感。凯利显然认为这种创新是一种进步，他提到耶
稣关于悔改的教导，认为一个人可以偿还对"社会的债务"简
直是无稽之谈。关于负罪感，重要的是要从过去的经历中吸取
教训，尽量不要重复导致负罪感的行为。

　　我们可以看到，凯利将他的方法建立在基督教的基础上。
但这不是正统基督教，甚至不是正统新教。早期的新教教徒拒
绝天主教教会的教会权威，取而代之的是文本——《圣经》的

权威。凯利以前的学生埃普坦评论说，凯利"与其说是基督徒，还不如说是新教教徒"。① 毫无疑问，凯利不接受任何正统观念，这一立场在《罪恶与心理治疗》中得到清晰的反映。凯利不会不加质疑地接受任何权威，无论是教会等级制度还是宗教文本。推测贵格会（Quakers）对凯利的可能影响是很有趣的。凯利第一次接受正规教育是在威奇塔（Wichita）的富兰滋大学（Friends University）。1924 年，凯利在那里获得了和平奖。魏斯（K. Warren）和拉斯金（J. Raskin）提供了一个很好的例子，正如我们可以在个人建构心理学中找到杜威一样，我们也可以在凯利的理论中找到贵格会的巨大影响。② 我们每个人身上都有科学家的影子，就像每个人都是他自己的牧师一样。魏斯和拉斯金认为，当我们考虑到贵格会的创始人福克斯（George Fox）牧师时，这就更有意义了。福克斯实际上鼓吹了新教的第二波浪潮，在这波浪潮中，无论是教会等级制度还是宗教文本都没有权威。每个人身上都有上帝的旨意——神圣的内心。因此，贵格会会议上没有牧师，每个人都在说他们仿佛被自己神圣的内心感动。

我们可以看到贵格会的神学理论和个人建构心理学之间存在着很强的相似性，两者都主张平等主义，强调民主价值，提倡悔改。悔改意味着在未来采取不同的行为，就像杜威的实用主义一样，我们所做的事情才是重要的。仅仅以不同的方式思考和感受是没有效果的，要将思考和感受渗透在行为里。我们可以改变我们的行为方式，但这并不容易。这不是一个简单的重新适应的问题，也不是一个仅仅通过意志力就能实现的问

---

① 与艾普丁（Franz Epting）的私人交流，2006 年 9 月。

② Weihs, K. & Raskin, J. (2004). George Kelly at Friends University: The Quaker Influence on Personal Construct Psychology. 提交给北美建构主义协会年会的论文。

题。我们不能用自己的智慧来随意指引行为，每个新年计划失败的人都知道这一点。当我们发现，我们不能坚持下去时，我们会发现我们做了一些我们不想做的事情。我们选择不去实现我们决心要实现的事情，正如我们在详细解释凯利对选择的讨论中所看到的那样，选择涉及的不仅仅是一些简单的认知决策。

一种存在主义？

正是对行动、选择和负罪感的关注，使得个人建构理论被视为一种存在主义。很难给存在主义下定义的原因之一是，"存在主义"这个词在日常用语中使用得过于随意，以至于有时会沦为一种时尚。① 事实上，凯利本人似乎以一种相当轻松的方式摒弃了存在主义。在《罪恶与心理治疗》一书中，凯利以一位患者为例，讲述了伊甸园的故事，这位患者觉得自己像亚当一样被抛弃了。凯利认为，当治疗师听到这样的事情时可能会想，患者是不是"陷入存在主义"了。② 但正因为凯利否认自己是一个存在主义者，所以我们没有理由不考虑这个命题。事实上，大多数存在主义哲学家都否认自己曾经是存在主义者，不满意别人对"存在主义"这个词的解释。凯利显然不理解存在主义，可能也没有深入阅读任何存在主义哲学家的书籍。

接近存在主义的一种方法是看那些与存在主义最密切的哲学家，如克尔凯郭尔（Søren Kierkagaard）、尼采、海德格尔和

---

① 出于这个原因，存在主义的定义有些难以捉摸。Macquarrie, J. (1972). *Existentialism: An Introduction, Guide and Assessment*. London: Penguin, pp.13–16.

② Kelly, G. A. (1969). Clinical psychology and personality. In B. Maher (Ed.). *The Selected Papers of George Kelly*. New Jersey: John Wiley & Sons, p.166.

萨特的作品中反复出现的主题。① 这些哲学家都有一个共同点，那就是他们都从人的经验出发，而不试图从外部去明确定义这个人。人以存在为基础，人有自己的身体，能够从某些角度看问题，而不是随意从其他角度进行思考。我们可以把这一点与更客观的哲学所瞄准的上帝之眼区分开来，这种关注不像唯心主义哲学那样，只关注思想和理性。人本质上不是一个思考的主体，而是一个能动的主体。意识首先是"我能"的问题，而不是笛卡儿的"我认为"的问题。② 理性并没有从情绪和感觉中分离出来，也没有从行为中分离出来。因为人类的存在是以有限的生命为基础的，人不可避免地成为焦虑和内疚的主体。我们无法理解仅靠理性研究人的行为。理解和分析诸如内疚之类情感，这对于理解任何人的生活都是至关重要的。

最重要的是，人是会自我创造的。正如罗杰斯和马斯洛希望我们相信的那样，在每个人的内心深处都没有本质的自我。没有内在的"陀螺仪"指引我们走向命运，我们不能求助于这个虚构的实体来解释我们做了什么或没有做什么。自我是一种创造，是人与他所处的世界融为一体的一种建构。正如我们与自己的肉体是不可分的，我们与所处的世界也是不可分的。我们的自由是"有情境的"，受我们的身体和社会存在的限制，我们无法超越这种限制。萨特将这种观点描述为人类的存在先于本质。萨特的阐释如下：

> 存在先于本质意味着人出生、成长、受到关注，然后才成为他自己。如果人如存在主义者所设想的那样，是

① Macquarrie, J. (1972). *Existentialism: An Introduction, Guide and Assessment*. London: Penguin.
② Merleau-Ponty, M. (1962). *Phenomenology of Perception*. London: Routledge.

83   无法定义的，那是因为起初他犹如一张白纸。只有在那之后，他才会有所成就，因为他会成为他自己。①

　　我们可以想象凯利写完全相同的内容，只不过"存在主义者"被"建构理论家"取代。我们先行动，再反思。理解是在行动的过程中，而不是在行动之后的认知过程中产生的。行动的概念融合了正统心理学分离出来的思想、情感和行为。和存在主义者一样，凯利强调人的能动性、自我选择、责任感和自我创造力，亦不可避免地强调人的内疚感。

　　因此，个人建构理论与存在主义非常相似，但在侧重点上有所不同。"人是科学家"是一个在存在主义哲学中看不到的隐喻。在这里，科学是与理性、反思和脱离人类生活和情感相关联的，但早期的实用主义者把科学家视为道德英雄。杜威认为，我们应该把实验性的生活方式作为行动的范例。当然，有糟糕的科学，也有糟糕的科学家。但是，探索和从经验中学习的想法对杜威和凯利来说都很重要。科学家是行动的典范——把思考和探究结合在一起：一种前进的动力，一种根据结果修正理论的意愿。凯利的理论是一种研究人格的实用主义方法。说实用主义是存在主义的一种形式，就像说狮子实际上是老虎一样。这种差异可能反映了他们在特定的社会风气，即欧洲大陆的存在主义和美国的实用主义中的演变。但他们都是在社会动荡之后繁荣起来的：两次世界大战及其带来的灾难和侵略，以及美国内战。如果有共同的祖先，那就是人们意识到人类已取得了巨大进步，也犯下了可怕的错误。上帝不会拯救我们，我们可以理解为什么人们相信伊甸园神话。存在主义和实用主义已经放弃了建立先验真理，即当我们面对选择和困境时，我

----

①　Sartre, J. P. (1995). *Existentialism and Humanism*. London: Methuen, pp.35–36.

们可以诉诸的那些真理的希望。罗蒂（Richard Rorty）是当今一位实用主义的领导者，他很好地总结了这一相似性：

> 如果我们放弃（上帝指引和拯救的）希望，我们将失去尼采所说的"形而上学的安慰"，但我们可能获得一种新的集体意识。当我们把人类社会看作是我们自己创造的，而不是自然存在的，是在人类创造的众多社会中形成的，而不是客观存在让我们发现的时，我们对人类社会、人类政治传统、人类知识遗产的认同就会增强。最后，实用主义者告诉我们，重要的不是寄希望于让事情变好，而是我们对其他人的忠诚，团结一致对抗黑暗。①

再也回不到伊甸园了，人类也不应有此幻想，被动和盲目服从的生活不是人类的生活。不犯错误的人将一事无成——人类的进步和冒险充满了错误和误判。一些人格理论，如克莱因（Melanie Klein）的精神分析（参见第七章），强调人类残忍和仇恨的能力，似乎反映了一个版本的原罪。其他人格理论认为，人本质上是好的，只是被压抑的和严酷的社会扭曲了。实用主义和存在主义则认为，人本质上既非善也非恶，我们每个人的出生环境都是无法控制的。时代、国家、父母，这纯粹是运气，但我们必须有所作为，我们不能不作为、不选择，我们不能避免罪恶和犯错。正是在处理这些人类困境时，人们才如此频繁地诉诸自我欺骗。这就是弗洛伊德认为的导致他所谓的神经症的主要原因。在弗洛伊德看来，这就是心理障碍，是人们接受心理治疗的原因。凯利的观点，我们将在第六章进行讨论。

---

① Rorty, R. (1982). *Consequences of Pragmatism*. New York: Harvester Wheatsheaf, p.166.

第六章　心理改变与重建

　　我们为自己的理论建设选择了一个适用焦点，即生活的心理重建。我们想要找到更好的方法来帮助一个人重新理解生活，这样他就不必为过去的经历所困扰。如果这个理论在这个有限的适用范围内有用，那么我们就会认为我们的努力是成功的，即使这个理论在其他领域被证明并没有那么有用，我们也不会过于不安。①

　　在此，我们看到，凯利在《个人建构心理学》的开篇，就确定了个人建构理论的目标。如我们所见，凯利对当下的心理治疗方法并不是很满意。因此，在了解凯利的贡献之前，我们先要了解一下心理治疗简史。凯利的信条是，并不是发生在我们身上的事情，而是我们对事情的建构导致我们失败，一切都有被重新解释的可能。当然，这并不意味着我们可以轻易地使那些对我们有影响的事件消失。如果有人告诉你你终将离世，那么你不能假装你可以永生。重新建构是指对同一件事进行不同的建构。存在主义者认为，这是一种新的生活态度。毫无疑

---

① Kelly, G. A. (1955). *The Psychology of Personal Constructs*. London: Routledge, p.23.

问，死亡对个人来说有许多不同的含义，而且在不同文化中具有的意义也各不相同。任何悲剧，当然也包括我们现在所说的虐待都是如此。既然现在有这么多人需要心理治疗和心理咨询，并且觉得自己是被虐待的受害者，我们将探讨个人建构理论与当今世界这些问题有什么关联。

心理治疗简史

在 20 世纪初，还没有心理治疗，更不存在强迫症、抑郁症、焦虑症或创伤后应激障碍这些概念。有人可能会认为，我们其实已经发现这些症状，它们一直是存在的，只是我们先前并不知道它们存在。正如物理学家发现了新的亚原子粒子，心理学家也发现了一系列的精神疾病。我们现在知道，曾经被视为"炮弹休克"的症状，实际上是"创伤后应激障碍"，而我们认为的道德品质的缺失，可能纯粹是由于我们对一系列神经性疾病的无知。但也许这些综合征和神经症是被制造和建构出来的，而不是被我们发现的。当然，你不可能无中生有，任何可行的建构都是基于现实事件的，它是一种替代先前建构的重新诠释。说某事是一种建构，并不是否认这件事的存在，而是强调我们的理解总是由一些框架性词语构成的。① 如果我们认定发现的事实是存在的，那就忽略了科学进步总是以新的、复杂的方式重新建构我们的知识。新的理论框架突出新的"事

① 例如，虽然人们总是会遭受我们现在所说的抑郁症的折磨，但抑郁症的概念是随着精神病学和精神疾病的一般概念的出现而出现的。哈里（Rom Harré）注意到像抑郁症这样的东西，在过去是如何被称为抑郁和忧郁的。过去，人们对每一种症状都有自己的理解和解释，但都粗略地描述了现代人认为的抑郁症症状。Harré, R. (1986). *The Social Construction of Emotions*. Oxford: Blackwell.

实"，而这些"事实"以前一直是模糊的。理论和事实，建构和事件，彼此塑造和定义。

　　早在古希腊，哲学家就开始关注人们应该如何生活，以及是什么构成美好而繁荣的生活。① 我们应该如何处理那些显然无法控制的激情，那些永远无法满足的欲望，以及生活中的那些不公，这让怀疑论者（Skeptics）、斯多亚学派（Stoics）和伊壁鸠鲁学派（Epicureans）的哲学家，以及苏格拉底（Socrates）、柏拉图（Plato）和亚里士多德（Aristotle）感到困惑。对于这些问题有许多不同的治疗方法。比如，消除所有的激情，约束自己，把自己的需求降到最低，说服自己理智地接受生活的不公和他人的冷漠。在当今不同的心理治疗方法中，我们可以看到这些建议的相似之处。例如，埃利斯（Albert Ellis）的理性情绪疗法就是建立在斯多亚学派的世界观上。② 通常，我们无法以自己喜欢的方式改变世界或他人。训练人的思维是一种防止被世界或他人干扰的方法。直到 20 世纪 70 年代早期，正统心理学还一直回避埃利斯的理性情绪疗法。后来，随着认知心理学的发展，埃利斯又被认定进入认知行为治疗师之列。我们现在知道了，毕竟人的思维方式是影响幸福感的一个重要因素。当正统心理学受行为主义统治时，理性情绪疗法便成了异端邪说，世界上所有影响较大的宗教都关注人如

---

① Deurzen, E. V. (1998). Beyond psychotherapy. *British Psychological Society Psychotherapy Section Newsletter, 23*, 4–18.

② 斯多亚学派强调，生活中的许多方面是我们无法改变的，但我们可以改变我们对不良事件的态度（或者用个人建构理论的术语来说，我们可以尝试重新解释事件）。例如，每个人都知道我们会死，我们害怕的不是死这件事本身，而是我们对死的建构。爱比克泰德是斯多亚学派最早的倡导者之一，他认为死本身并不可怕，否则苏格拉底（以相对平静的方式自杀而闻名）也不会自杀。埃利斯在 20 世纪 50 年代发明了理性情绪疗法，他经常引用爱比克泰德的话。Ellis, A. (1962). *Reason and Emotion in Psychotherapy.* New York: Lyle Stuart.

何过上美好生活的问题。与心理学家在衡量和促进人们的幸福感方面所做的一些尝试相比，这些宗教得出的结论更值得我们认真考虑。① 在当今社会，我们把痛苦视为病态，把医疗视为解决方案。咨询师和治疗师都接受过各种各样的系统培训，我们谈论治疗的"功效"和"有效性"，引进医学上先进的概念，但在处理心理问题时，这些做法就不那么适用了。当然，有必要问"采取哪些补救措施更有效"，以及"对谁有效"。然而，心理障碍不完全像一种疾病，我们不能像谈论药物疗法那样谈论对心理障碍的有效治疗。

直到 19 世纪末，我们现在理解的心理障碍才被认为是一种疾病。19 世纪下半叶医学声望的增长，为这种新的医学发展铺平了道路。随着细胞的发现和显微镜的发明，医生开始能够解释以前只能描述的疾病的病因。先进的诊断方式为改善治疗甚至治愈疾病都指明了方向。当发现麻痹性痴呆（General Paralysis of the Insane）的病因是晚期梅毒时，似乎精神病院患者的疾病很快就会通过医学的进步得到治愈。精神病学诞生了，并开始用"症状"来描述以前被认为是疯狂的行为，并以此绘制出一个全新的领域。人们希望在诊断的描述性阶段之后会有病因方面的知识，这促使物理医学的进步。不幸的是，100 年过去了，除了在某些领域（如有明确的器质性病因的器质性精神病——痴呆等），这一希望并没有得到广泛实现。在精神病学的进展中，最令人失望的领域莫过于各类神经症，这类疾病不那么严重，通常以焦虑的形式出现。在这里，诊断是不可靠的、混乱的，往往带有道德色彩。同性恋一直被视为

---

① Schoch, R. (2006). *The Secrets of Happiness: Three Thousand Years of Searching for the Good Life*. London: Profile Books. 肖赫（Richard Schoch）在书中很好回顾了古代哲学和宗教关于过好生活的建议。

一种精神疾病，直到 20 世纪 70 年代初，美国精神病学协会（American Psychiatric Association）在一次会议上才决定将同性恋从精神疾病的列表中删除。想象一下医生们投票决定麻疹是不是一种疾病的情形！将疾病与道德混淆，导致批评家声称整个精神疾病的概念是一个谬论。[①] 正如我们在第五章看到的，罪恶与疾病之间的重叠与混淆，让凯利在 20 世纪 60 年代写下了或许是他最著名的一篇文章。

89

虽然精神病学家一直坚信，终有一天他们会找到大多数精神病（主要的心理障碍）的病因，但是神经症通常被认为由心理因素引起。即使气质可能是基于生物学的，因此会带有一些遗传成分，但使人们感到不安的或导致人们采取适应不良的策略来处理这种不安的原因，将在他们的成长历史中得到最好的理解。当然，弗洛伊德提出了著名的精神分析理论和应对神经症的方法（参见第七章）。弗洛伊德认为，神经症起源于儿童期。或许是在 2—5 岁时的恋母情结期，个体发展出避免焦虑的策略。这些策略都是潜意识的，经常造成更多的麻烦，人们避之唯恐不及，因此导致神经症。这些防御机制（defence mechanism），后来被弗洛伊德的女儿安娜编目分类，如今在日常生活中广为人知。压抑、转移、理智化都是避免焦虑的方法，而焦虑很可能会反过来影响患者。

精神分析是处理神经症背后的潜意识力量的方法。精神分析是一种治疗性的接触，分析师试图直面患者经历的事情，以及这些经历给患者健康带来的影响。起初，弗洛伊德乐观地认为，干预可以是短暂而有效的，可以揭开压抑的创伤，看到治

---

① 萨兹（Thomas Szasz）认为，精神疾病概念的一个严重问题是，当别人认为一个人患有精神疾病时，这个人就不用对自己的行为负责了。Szasz, T. S. (1970). *Ideology and Insanity: Essays on the Psychiatric Dehumanization of Man*. New York: Doubleday.

愈的希望。但事实证明，改变人们已发展好的生活策略比最初设想的要困难得多。在治疗过程中，阻抗是很常见的。当患者将潜意识的想法和感觉投射到治疗师身上时，治疗关系本身就成为治疗的焦点。这不可避免发展成一种长期且代价高昂的治疗实践，这种治疗实践只有极少数高度专业化的治疗师才能提供。尽管如此，弗洛伊德的作品在说英语的国家和说德语的国家都很流行。精神分析逐渐被视为治疗神经症的首选方法，尽管它对绝大多数人来说是不可获得的。心理治疗理论和实践的分裂早在 20 世纪初就已经显现。弗洛伊德的同事荣格（Carl Gustav Jung）和阿德勒（Alfred Adler）纷纷与弗洛伊德分道扬镳，创立了自己的治疗体系。其他的异议者看到弗洛伊德借鉴尼采的存在主义就发展了存在主义精神分析，但一种更为激进的替代方案已经出现。

在美国盛行的行为主义，提出了一种新的且更为简单的解释方法来解释神经症行为的习得。弗洛伊德认为，癔症（hysteria）是一种典型的神经症，[①] 而华生及其同事则认为，恐惧症才是一种典型的神经症。当弗洛伊德考虑恐惧症的时候，他考虑的是"恐惧是如何被取代的""恐惧的对象代表的是哪些其他事物"。在华生看来，恐惧症是通过条件反射习得的。华生在一个名为阿尔伯特（Albert）的婴儿身上开展了一系列引发恐惧的实验。通过这些实验，华生得出这样的结论，即条件反射可以解释恐惧的形成。如果婴儿接触一只兔子时，同时伴随一个（对婴儿来说）令人恐惧的巨响或噪声，那么之后婴儿每次接触兔子，都会出现恐惧的神情。华生的同事还证明，可以成

90

---

① Breuer, J. & Freud, S. (1956). Studies on Hysteria. In J. Strachey (Ed.), *Standard Edition of the Complete Works of Sigmund Freud 2*. London: Hogarth. 这部著作最初出版于 1896 年。

功治疗恐惧症，这种治疗方法后来被称为系统脱敏法，即在安慰和放松孩子的同时，逐步引入这种恐惧对象。然而，直到第二次世界大战以后，这一治疗方法才被称为行为疗法（behavior therapy）。不同于精神分析，行为疗法不是基于医学模型，不认为行为失常或症状背后有潜在的原因。相反，行为疗法认为，行为是由环境的条件作用形成的，症状则是神经症。

　　行为疗法的早期倡导者想要引进一种现成的、廉价的、简单的替代疗法来治疗神经症。治疗师不需要接受长期而昂贵的培训，几个疗程就可以完成培训。治疗师不需要研究一个患者复杂的病史，也不需要深入研究患者童年期的潜意识冲突。治疗师和患者之间的关系也很简单，是导师和学生的关系，而不是母亲和婴儿的关系。治疗师教授技巧，患者完成作业，例如，进行放松训练，同时面对恐惧等级逐渐增加的情境。行为疗法在一段时间内受到各种各样的批评，有趣的是，这反而让行为疗法进一步扩展了治疗的范围，更加翔实地阐述了行为疗法"配方"和治疗方法。① 到20世纪70年代中期，认知领域发生了转变，行为治疗师吸收了贝克（Aaron Beck）和埃利斯的研究成果，这两位前精神分析学家都曾基于理性和论证开发出各自的治疗方案。这些治疗方案在20世纪50年代发展起来时，将精神分析和行为主义驱逐出门。

　　在美国内战后，批判精神分析的局面进一步加剧，其中就有凯利在俄亥俄州立大学的前辈罗杰斯。罗杰斯认为，患者是否进步，与其说取决于治疗师的技巧，不如说取决于患者的人格。治疗师的技巧，无论是自由联想还是脱敏，都只是治疗师和患者接触的渠道。患者需要的是作为一个人被无条件地接纳，同时，患者的思想、感情和幻想接受治疗师的挑

---

① Eysenck, H. J. (1976). *Case Studies in Behaviour Therapy*. London: Routledge.

战。无论是哪一种类型的优秀治疗师都能提供有效的治疗，尽管他们有不同的理论，但所有的治疗师都允许患者（即如今的来访者）成长、前进和发挥潜力。这种治疗关系在当时是至关重要的，因为它在精神分析中是一种相当不同的存在方式——它现在是承载着治愈和允许患者成长的载体。因此，一个我们现在都知道的新治疗词汇——来访者诞生了。咨询的对象——个人（person）不再被称为患者（patient），而被称为来访者（client），他们不是需要接受治疗的被动的患者，而是能够自我治愈，并在适当条件下成长的主动者。"治疗"一词从此不再是一种准医疗程序，而是被"咨询"这个术语取代了（方便起见，在美国的一些州，只有执业医师才能开展"治疗"）。

个人建构心理治疗

许多年前，当我第一次为自己设定写临床程序手册的任务时，我的想法是，心理学家需要脚踏实地，而我也在帮助他们做到这一点。①

在这里，我们看到凯利回顾了《个人建构心理学》写作的开端。《个人建构心理学》最初是一本临床程序手册，后来才成为一项更大的工程——阐述一种新的人格理论。但这项工程是以临床实践为基础的——这就是它的适用焦点。这项工程的推动因素是凯利临床实践的经验，当时没有任何一种心理治疗系统能够公正地对待人类的处境。20世纪30年代凯利开始执业时，行为疗法还没有从行为主义中发展出来。行为主义是建立

---

① Kelly, G. A. (1969). Clinical psychology and personality. In B. Maher (Ed.). *The Selected Papers of George Kelly*. New Jersey: John Wiley & Sons, p.224.

在其他物种——通常是老鼠和鸽子——基础上的，徒劳地希望能够以此发展出适用于人类的学习定律。凯利在他关于心理治疗的著作中多次嘲笑行为主义是"应用心理学"，即认为科学是基于实验室的实践的，其结果却在实验室外的世界得到了应用。1963 年，凯利在美国心理学会的演讲中再次讲述了伊甸园的故事。[①]他推测也许上帝是这里的一位应用心理学家——知道实验应该如何进行，知道事先制定的规范和规则，知道不这样做会招致愤怒和惩罚。在伊甸园中，我们看到人性的某些东西——人是实验者，陷入麻烦并产生罪恶感。同样，在心理治疗中，我们能清楚地看到人性。正如我们在第一章中看到的，凯利反对行为主义，但对弗洛伊德的工作却印象深刻，尽管凯利并不喜欢弗洛伊德的理论。罗杰斯和凯利是同时代的人，所以在《个人建构心理学》中，凯利没有对罗杰斯的治疗方法展开太多评论。罗杰斯和凯利显然有很多共同点，作为人本主义心理学会的创始成员，他们还进行了合作（"人本主义者"一词是凯利没有明确反对的个人建构理论的仅有标签之一）。

心理障碍

心理障碍，尤其是所谓的神经症是很难被定义的。事实上，对精神疾病诊断可靠性的研究表明，在许多灰色地带，专家和普通人一样难以达成一致。有人在离家前检查了三次煤气阀门，她是不是出了什么问题？有人因为自身的遭遇而变得痛苦和迷惘，她是不是出了什么问题？一想到死亡或疾病就感到沮丧的人，是否有病？什么性行为是变态的，为什么？在日常生活中，人们倾向于使用像"病态"和"变态"这样的术语，

---

① 《心理治疗与人的本质》(*Psychotherapy and the Nature of Man*)——马赫（Maher，1969）转载的论文之一。

这太宽泛了。由于我们对所谓的"精神疾病"采取了自然医学方法，因此我们也就不加批判地接受了该方法背后的心理学原理和思想。许多心理学家一直对这种医学框架不满，凯利当然也是其中之一。凯利有时会使用精神病学术语，尤其是在他早期的写作中。在《罪恶与心理治疗》中，凯利使用了"患者"和"来访者"这两个词。但是，对于凯利来说，"患者"这个词让人显得太被动了，而"来访者"这个词又让人显得过于主动。正如我们在第五章所看到的，凯利在主动性和责任方面的立场比心理障碍领域的许多研究者更成熟和复杂。精神分析学家的研究当然也很复杂，但他们坚持使用精神病学的医学词汇和病理学词汇。

凯利明白为什么临床医生可能会用"精神分裂症"或"强迫症"这样简明的术语来描述个体。但是，这些术语类别是非常生硬的工具，它们只能捕捉到一个人极少数的重要特征。一旦一个人被贴上这样的标签，我们往往会忽略他行为的复杂性——他的一切都成为精神分裂症、强迫症或其他疾病的典型症状。也许所有骨科医生都需要知道，这是一个半月板囊肿，患者的其他特征不重要。但在精神病学中不是这样，一个人的抱怨与她的人格是分不开的。一个人抑郁的方式也与另一个人不同，他们可能有共同的特点（如消极的想法），但这些消极的想法的内容总是与众不同的，因此心理障碍定义的抽象程度一直是一个棘手的问题。一方面，我们需要考虑个别情况；另一方面，将心理过程概念化是很有用的，我们可以从这种重新建构中获益。请注意，避免使用"治疗"和"疗法"等充满医学意味的术语是多么困难。但是，如果我们相信术语带有微妙的含义，并且会通过使用术语偷偷带入一些微妙的含义，那么就有尝试避免使用这些术语的必要了。当我们用医学术语来描述心理状态时，可能会暗含一些异常或变态的意味。当我们考虑人们的生活方式时，这很容易转化为道德要求。

个人建构理论将心理障碍定义为任何在持续无效的情况下被反复使用的个人建构。这个定义是有关心理建构及其效用的，且是在一个较高的抽象水平上设定的。当人们使用的建构系统让他们感到失望，当他们无法理解正在发生的事情时，他们就陷入困境。就在那时，他们可能会出现所谓的"症状"——变得具有攻击性、焦虑或抑郁。当事情进展顺利，我们可以清楚地看到发生在我们身上的事情时，我们就不会混乱。我们可能会给别人带来痛苦，但不会给自己带来痛苦。个人建构理论总是关注行为者自己的观点，而不是别人给行为者贴上的标签。因此，定义与症状是无关的。没有需要治疗的症状级别，也没有试图客观定义任何事物。抑郁症不应被认为是过去两周内出现的一系列症状中的任何三到四种，创伤后应激障碍也不能归咎于一个人受到了生命或安全的威胁。问题是，这个人是否有一定程度上的崩溃——他们如何以及是否能够理解发生的事情，从而更好地应对它们。

温特（David Winter）[1]指出，从凯利的观点来看，心理障碍的概念本身太机械化了，最好将其改成心理失衡。一个所谓的神经症患者在功能上和其他人没有什么本质的不同，这在精神病学上是公认的，患有神经性疾病的人与健康人的功能只有量的区别而没有质的区别。但在神经症或功能失调的情况下，他们会一味地采用明显无效的行为策略。当我们进行选择时，会发现在扩展建构系统和维持现状之间保持平衡多么重要。但是在一个心理紊乱的人身上，我们经常会发现维持现状是以牺牲建构系统的扩展为代价的。因此，有些人可能会在威胁下抗拒改变，坚

94

---

① Winter, D. (2003). Psychological disorder as imbalance. In F. Fransella (Ed.). *International Handbook of Personal Construct Psychology*. Chichester: Wiley.

持自我理论，这会让她出现一些问题，这些问题使她接受治疗。在这种将失调视为不平衡的观点下，诊断就变成一种练习，变成识别对来访者开放的活动通道。当然，可能一个人的活动方式与另一个人是不同的——每个人都有自己的建构系统，这个建构系统既促进又限制个体重新建构的特定机会。因此，建构理论家使用了过渡性诊断，重点不是根据症状进行分类，而是强调来访者从维持自身原有的旧建构向接受新建构的过渡。

治疗策略

在看到任何试图带来新建构的尝试之前，我们应该注意到，凯利认为，有时在治疗中只需瞄准一个更为适度的变化水平。凯利将"位置变化"（slot change）称为最明显的行为变化——从建构的一端移动到另一端。例如，帮助那些认为自己过于顺从的来访者变得更强势，或者帮助那些广场恐惧症患者克服恐惧，并以能够进入任何拥挤场所为目标。正如凯利所主张的，这种策略有它的作用。行为疗法的目的是带来位置的改变，它声称在帮助人们完全克服恐惧、用放松代替恐惧反应以及摆脱不便的行为等方面取得很大成功。有时，毫无疑问，简单的社会技能培训是必需的，它能帮助人们尝试一种新的行为方式。在《个人建构心理学》第二卷中，凯利花了相当多的篇幅来讨论设计和角色扮演的作用。但建构主义理论家总是能意识到，没有简单的"症状"切割，也不需要移植新的"适应性行为"。每个行动都是系统的一部分，我们必须时常思考这样一个问题：缺失的或新的存在会对个体产生什么影响？这个人将如何适应？这真的是她想要的吗？或许"广场恐惧症"限制了她的生活，也限制了她的家庭生活。一个女人可能仅仅因为一个变化而获得解放，而这个变化却给这个女人带来了新的挑战。在奥巴赫

（Susie Orbach）① 著名的关于饮食失调的著作中，她列举了多种减轻焦虑的方法，超重也是方法之一。处理"问题行为"的行为机制经常（但并非总）涉及更大范围的破坏，因此部分来访者会抵触这种方法。在行为治疗师看来，这是一种新行为的习得，而在建构理论家看来，这是来访者对新行为的体验，其中一些行为可能会被采用，而另一些行为则可能会被拒绝。

比位置变化更雄心勃勃的目标是受控的详细阐述（controlled elaboration）。对此，凯利说，治疗师要帮助来访者测试系统的一致性。为了避免冲动，要检查所有可能的选择，并在作出选择之前慎重考虑。难以扮演果断而自信角色的人，可能会认为这是诚实的表现。如果"诚实"是她核心角色的重要组成部分，那么这可能有助于她尝试那些看起来过于苛刻和具有对抗性的实验性行动。这本质上是一种帮助人们反思自己目标的认知方法，我们现在经常可以在补充行为疗法的认知疗法（cognitive therapy）中看到这种认知方法，它借鉴了凯利的工作。② 因此，凯利总结了这些不同的策略：

> 一位男士说："在我看来，这里有两种选择。如果这代表了问题的关键，我选择这个而不是那个，会发生什么？请注意，我说的是'如果'，我还没有作出选择！"心理学家的回答有三种。他可能会说："很明显，你知道你必须在两者之间作出选择，现在继续，选择这个！"他也

① Orbach, S. (1978). *Fat is a Feminist Issue*. Harmondsworth: Penguin.
② 认知疗法的创始人贝克很喜欢凯利的"人是科学家"的模式。认知疗法的一个关键特征是让患者从"我知道"变成"我相信"（例如，当我这样做时，人们会感到恐慌。采用"人是科学家"的模式有助于患者与根深蒂固的信念保持关键距离，并以实验的精神尝试新的冒险。Beck, A. (1976). *Cognitive Therapy and the Emotional Disorders*. Harmondsworth: Penguin.

许会说:"假如你选择了这个,那如何将其与系统中的其他备选项配对呢?我们来解决这个问题。"或者他可能会说:"让我们再来看看你的备选方案吧。"①

第一句话对应了位置变化,第二句话对应了受控的详细阐述,第三句话是所有响应中最雄心勃勃的:发展新建构。

没有人会轻易放弃目前拥有的事物,因为放弃意味着面对威胁和困难。鼓励采取新的认知方法是一种创造性的做法,这显然是治疗能采取的最激进的形式。凯利认为,创造力是一个周期性的过程,包括放松建构(loose construct)和收缩建构(tight construct)。温特指出,无论是单一地放松建构还是收缩建构,都会导致不平衡。但若要按顺序进行,凯利则提供了一种创造性的循环,允许尝试性地使用新的建构。一方面,松散的建构允许模棱两可,并不要求有明确的预测,在治疗中无条件接受和自由联想是值得鼓励的;另一方面,严格的建构则把我们束缚住了,需要有一个清晰的概念以作出明确的预测。建构得益于挑战性的、预测性的、实验性的和生成结论性的治疗策略。凯利认为,为了促进新的建构,松紧有序是很有必要的。如果我们想让简(Jane)开始领会自信的新含义,一个不等同于攻击性的新含义,我们必须首先让她尝试各种不同的替代建构,从建设性的角度而不是先入为主的角度思考。②别人如何理解某一特定行为?他们会如何应对?当我们以某种方式行动

96

---

① Kelly, G. A. (1955). *The Psychology of Personal Constructs*. London: Routledge. p.945.

② 凯利(Kelly,1955)对比了先发制人法和命题法。当我们先发制人时,就采取了一种立场,认为某件事只能用一种方式来解释。"这是粗鲁和好斗的行为(完全是粗鲁和好斗的行为)。"命题法允许我们把事件从它们的建构中解放出来。因此,我们可能会从不同的角度来看待粗鲁和好斗的行为(例如,质疑),并接受它可能会被不同地看待。

时，会有各种各样的意图——它们是什么？班尼斯特曾经将这一过程称为"在精神景观中漫步"，这是一个非常好的短语，用来描述在没有得出任何确切结论的情况下随意调查事物的方式。但最终，简不得不尝试不同的行为方式，看看效果如何。这种收缩建构的过程是心理变化的一个重要组成部分。

凯利描述了一种新技术，固定角色疗法（fixed role therapy），旨在让来访者以这种创造性的方式行动。这是一个拟定的程序，在这个过程中，一个角色草图被绘制出来，让来访者在较长的时期（比如几周）内进行表演。凯利在他的业余戏剧作品中观察到，表演可以在演员身上产生持久的影响。他们当然知道自己是在演戏，不论从哪个意义上说，他们都不是他们扮演的那个人。但是，角色扮演让人以不同的方式思考，尝试新的做事方式。这个角色的设定不是为了产生位置变化（与来访者在他的自我描述草图中对自己的看法相反），而是为了鼓励来访者进行实验，可以按照适合治疗的方式对角色进行分级。如果你和你身边的人表现截然不同，他们会迅速觉察到。但是你可以试着走在路上，或者以新的角色逛杂货店。舞台上的成功可能使你敢于以新的角色面对周围的人。固定角色治疗的目的不是让患者成为角色。班尼斯特说得好："来访者会被他的行为所影响，激励着他去探索，他的人格是一种发现，而不是基因强加在他身上的不可改变和不可抗拒的负担。"[1] 文化观念认为，人格在某种程度上根植于人的内心深处，但固定角色疗法的成功实施挑战了这一文化观念。

除了固定角色疗法外，个人建构理论尚未提出其他新的治疗技术，其他治疗师认为，这是个人建构理论的一个缺点。对

---

[1] Bannister, D. (Ed.). (1974). *Issues and Approaches in the Psychological Therapies*. London: Wiley, p.141.

于一种以务实来判断自身的治疗方法，它一定需要有确切的优点吗？请注意，与放松建构和收缩建构相关的技术——自由联想、无条件接纳、挑战和行为预演——都是在其他治疗系统中得到发展的。我们可以看一下创造力周期，凯利认为，精神分析或罗杰斯的治疗方法往往对需要放松的来访者有效，而理性疗法往往对那些需要控制的来访者有效。或许找合适的专家比较好。个人建构治疗师给出的答案是，尽管这些治疗方法在技术上是折中的（也就是说，它借鉴了其他的技术），但在理论上肯定不是折中的。相对而言，个人建构理论则有一个连贯的理论支持其治疗方法。行为疗法非常擅长开发一些有用的技术（如系统脱敏法），但这些技术背后的理论长期以来一直受到质疑。新的认知理论现在被用来解释他们的成功，行为疗法已经演变成认知行为疗法。凯利推荐的用于收缩建构的理性技巧（比如，挑战和争论）现在在认知行为疗法中被广泛使用，但在 1955 年却被正统治疗师反对。

治疗关系

在一个寻求操作性治疗的世界里，个人建构心理治疗总是处于不利地位。它并没有以机械的方式确切地指出治疗应该如何进行。[1] 没有专门用于治疗一个症状或另一个症状的技术。个人建构心理治疗的不同之处在于它的方法——它的策略，而不是任何战术。这种策略的基础是鼓励来访者成为一名更好的"科学家"。在《理论自传》(*Autobiography of a Theory*) 中，凯利回忆，他在俄亥俄州的工作涉及两个明显不同的部分：指导

---

[1] 即便如此，个人建构心理治疗还是有传统的实证研究的证据基础。Winter, D. (2003). The evidence base for personal construct psychotherapy. In F. Fransella (Ed.). *International Handbook of Personal Construct Psychology*. Chichester: Wiley.

学生和从事临床心理学工作。在指导学生时，凯利试图让学生把自己的想法变成可测试的形式，形成假设，并对这些假设进行检验。设计一些实验，再请学生解释她的实验结果，并从她的结果中得出适当的结论。在这一过程中，学生始终掌管他的研究项目。毕竟，学生比导师知道得更多。导师贡献的是一种专业知识，导师见识过许多类型的研究项目，通常知道一些可以解决不同问题的好方法。

凯利发现他的治疗类似于一次手术。就像一个学生不能把他的研究问题等同于一个实际问题一样，来访者面临的问题也是类似的——来访者不能将他的问题等同于一个实际的问题，以至于只见树木不见森林。治疗不能从提供具体问题的答案开始，而是要随着替代建构的出现而提出更好的问题。问题的表达方式通常也是问题的一部分。班尼斯特将此表述为：

> 这种精心编排的呈现问题的形式很可能没有一个好的结构。如果这个问题结构明确，那么很可能早就解决这个问题了。我们无法找到答案的是那些结构糟糕的问题。因此，至关重要的是，"抱怨"这种表达问题的方式，本身必然是治疗中的一个问题，治疗师和来访者都有重新解释和阐述问题的自由，不止一次，可能有很多次。①

也许这个问题完全是由运气差造成的：萨拉怎么会选择了这样不可靠的朋友、不可靠的伴侣和不欣赏她的同事？她现在在抱怨，她现在抑郁了，她是厄运和环境的受害者，她看不到摆脱困境的办法。但她在这一切中扮演了什么角色呢？会不会

---

① Bannister, D. (Ed.) (1974). *Issues and Approaches in the Psychological Therapies.* London: Wiley, p.131.

所有人都是这样的，也许是因为某些原因，她选择了注定会让她失望的人？她对自己和他人的看法是什么？她通过这些选择可能向自己证明了什么？她怎样才能以不同的方式看待事物，从而作出新的选择？在这里，治疗师参与了新实验的设计。最后，来访者收集证据后，她应该得出什么结论？抑郁者消极看待每一件事，并以此作为自己能力不足的证据，这并不罕见。还有其他解释方法吗？来访者和大多数人一样，是凯利所说的"现实主义者"。[①] 她相信她看到的事物就是事物本身，来访者能走向建构替换论立场（贝克称之为从"我知道"到"我不相信"）是一大进步。因此，个人建构治疗师对其来访者采取的立场是一种类似于导师对学生采取的立场。这个"学生"的"研究项目"仍然是她自己的，她比任何治疗师都清楚这一点。但治疗师的专业技能可以引导她坚持下去，重新评估，做新的实验，得出不同的结论。

　　凯利认为，导师在指导学生时扮演的角色值得关注。[②] 它帮助我们区分治疗师在个人建构心理治疗和认知行为疗法中的角色，治疗师在这两种治疗方法中的认知行为更像是一位导师（不像精神分析师，但可能更像家长）。但治疗师像一种另类的导师，致力于"培训"来访者。治疗师知道什么是理性认知，什么是适应性行为，治疗的目的是消除认知扭曲，使来访者走向正确的道路。认知行为疗法在今天如此受欢迎，一个原因可能是这种疗法与我们当前的教育理念相一致。在我们的教育理念中，学习成果和完成任务的操作是明确的。然而，"教育"的意思是"引导"，

---

① Kelly, G. A. (1969). Clinical psychology and personality. In B. Maher (Ed.). *The Selected Papers of George Kelly*. New Jersey: John Wiley & Sons, pp.227–228.

② Kelly, G. A. A. (2003). Teacher-student relations at university level. In F. Fransella (Ed.). *International Handbook of Personal Construct Psychology*. Chichester: Wiley.

是从学习者的角度出发，而不是从外部强行加入一个解决方案。凯利说，在大学阶段，导师的角色，除了完成其他任务，还要鼓励学生发展与知识、真理和权威的新关系。把这三者结合起来，就意味着导师并不知道所有问题的答案。事实上，导师并不是答案的提供者，而是提出新问题，找到解决问题的新方法的人，这些新方法将为学生提供新的、更好的答案。但我们永不应假设治疗师拥有终极真理，总是有重新建构的空间和不同视角的空间。所有的建构都是预备的，或多或少是理解世界的有用方式。不加批判地接受导师或治疗师给定的学习成果是错误的，明智的导师或治疗师会理解这一点。那么，治疗就像美国的高等教育机构一样，应该是一个"合资企业"。

  这并不意味着治疗师应该尝试"非指导性"。治疗师有自己的专业建构（比如，放松建构与收缩建构、命题法与先发制人法），治疗师试图用这些建构来理解来访者。"合资企业"并不意味着治疗师和来访者处于平等的地位——他们有不同的专业领域。但为了帮助来访者改变他们的认知，治疗师有必要去理解来访者。治疗师必须采用凯利所说的轻信的方法，这意味着治疗师必须接受并欣赏来访者的建构——这是理解世界的一种方式，而且确实有效，它是来访者建构（思维、情感和行为）过程的关键。但这种轻信的态度并不意味着治疗师自己应该采用这些建构，理解某人和同意某人是不一样的。用凯利的话说，治疗师必须包容来访者的建构——欣赏，但不能被它俘获。正如弗兰塞拉所强调的，① 这是一个经常被误解的观点，也是日常生活中常见的误区。当一名政客说他能理解自杀式炸弹袭击者

---

① Fransella, F. (2003). Some skills and tools for personal construct practitioners. In F. Fransella (Ed.). *International Handbook of Personal Construct Psychology*. Chichester: Wiley, p.107.

的动机时，就会引发国家和媒体的愤怒。但是理解自杀式炸弹袭击者的动机并不是认同他们的行为。人们很有可能憎恨和厌恶自杀式炸弹袭击者所做的事情，但从自杀式炸弹袭击者的角度理解他们，无疑是阻止他们的第一步。因此，个人建构治疗师首先要理解他的来访者。

神经症的痛苦和普遍的不快乐

我们不能在还未思考21世纪初心理治疗的范围与凯利时代相比有多么的不同时，就任意对个人建构心理治疗展开讨论。20世纪30年代，凯利觉得有必要在堪萨斯州发展自己的心理治疗体系。现在，心理治疗已经是一个成熟的行业。毫无疑问，现在接受心理治疗帮助的人比凯利那个时代还要多。弗雷迪 ① 告诉我们，1960年，大约14%的北美公众一生中至少接受过一次心理咨询。到1995年，这个比例上升到50%左右。英国和其他类似社会可能也存在这种情况。斯皮内利（Ernesto Spinelli）② 告诉我们，1994年，英国有3万人以心理治疗为生，另有27万人在志愿机构工作，且有250万来访者在工作中会接触到咨询师。有人可能会认为，凯利会赞成这个迅速增长的职业，但我们掌握的证据表明，他可能不会。1958年，凯利在一个关于治疗的会议上发表了演讲，题目是"治疗是个好办法吗？"③ 凯利的回答是否定的。当然，凯利理解普遍存在心理障碍和不快乐，但我们不应该把治疗看作是某种处理

101

① Furedi, F. (2004). *Therapy Culture: Cultivating Vulnerability in an Uncertain Age.* London: Routledge, p.9.
② Spinelli, E. (1994). *Demystifying Therapy.* London: Constable.
③ Fransella, F. (Ed.). (2003). *International Handbook of Personal Construct Psychology.* Chichester: Wiley, p.107.

被动承受疾病折磨的患者的手段。这个人既不是侵犯他们事物的受害者，也不是把自己推向毁灭的内在力量的受害者。正如我们在本章开头所见，个人建构理论的目的是让来访者相信，无论如何，她都不是过去的受害者。相反，来访者是这种欺骗方式的受害者。当然，有些人要应付的事情比其他人要多得多，有些人比其他人要幸运得多。毫无疑问，生活是极其不公平的。正如我们上面所看到的，哲学体系一直关注我们应该如何面对不可避免的痛苦、不公和不幸。

那么谁需要心理帮助呢？疾病、贫穷、歧视和虐待会导致无法言说的痛苦，但心理治疗师却无法消除不幸。那么，什么时候需要合理的心理帮助呢？1896年，当被问及精神分析如何帮助患者时，弗洛伊德曾有过这样的回答：

> 你要知道，如果我们成功地将你癔症的痛苦转化为普通的不幸，你将收获良多。有了已恢复健康的精神生活，你就能更好地武装自己，抵御不幸。①

那么，治疗的目的不应该是心理成长、自我实现和满足，因为这将是太奢望的愿望了。没有人能指望生活没有痛苦，痛苦是人类生活的一部分，它不可能在任何心理学家的帮助下消失。几个世纪以来，宗教和哲学一直在与这个问题作斗争，试图用生命武装这个人。弗洛伊德是一个坚定的无神论者，我们可以把精神分析解释为取代了哲学或者世俗宗教的角色。弗洛伊德认为，他的工作代表了现代科学的一种进步。② 凯利也把

---

① Kovel, J. (1976). *A Complete Guide to Therapy*. Harmondsworth: Penguin, p.320.
② 弗洛伊德认为自己是一个哲学家或科学家，而不是一个医生。Stevens, R. (2007). *Freud and Psychoanalysis*. Basingstoke: Palgrave.

弗洛伊德视为某种道德英雄，但是为了建立一种新的心理学，凯利避免使用早期精神分析的决定论和医学术语，甚至觉得"治疗"一词也充满了医学内涵。我们认为，疾病是对健康的偏离，疾病意味着人们需要治疗。对凯利来说，"治疗"并不是一个好词。我们应该注意到，本章不叫心理治疗，而叫"心理改变与重建"。

对凯利来说，来访者并没有生病。来访者不是偏离了所谓正常的健康状态，而这种所谓正常的健康状态只有通过心理治疗才能恢复。来访者的问题是，他的建构系统使他无法应付他面对的事件，治疗师需要做的是弄清楚事情的意义。只有这样，治疗师才能预见到，什么是必须接受的，什么是来访者应该尝试改变的，以及来访者要如何改变。我们可以看到，这与弗洛伊德的想法是相似的。在这两种情况下，事件和建构是分离的，生活抛给我们的东西和我们的应对是分离的。我们希望的是，通过重新建构（或者用弗洛伊德的话说则是恢复健康）而更好地武装自己。弗洛伊德和凯利属于不同的时代，他们是由完全不同的社会和传统塑造的。然而，他们都认为心理治疗的作用有限，都不认为心理治疗是灵丹妙药。但我们不能低估重新建构在心理框架和治疗在医疗框架具有的不同影响，重新建构和治疗是在当代社会得到扩展和完善的医学框架。弗洛伊德后来对精神分析的医学化感到后悔，认为精神分析的医学化严重低估了医患之间的治疗基础，这一点在美国可能尤为突出。这是凯利非常不同意的。

治疗的概念，源于我们将科学决定论的概念应用于人类困境的探索和努力。治疗错误地将重点放在对各种外部作用的强调上。但是，恢复健康的生活是一个人毕生要做的事情。那么，人类才是主角，任何把其他方面看得比人类本身更重要的心理思想体系，都只会使人类的努力停滞不前，并最终产生一代无助的人，一犯错，就会寻求"治疗"，而不是自己去做些什么。①

这不应该被解读为对自助的无情坚持，但这种坚持是一种观点和态度，即在导师和学生的关系中，项目始终是学生的。当我们被治疗的想法吸引时，这些自助的方面就完全消失了。

在上面的引文中，吸睛的是"最终产生一代无助的人"这句话。这个假想的关于未来一代的形象与弗雷迪对我们当前状况的分析非常相似。现代人远不是那种爱刨根问底的"科学家"，现代人给人的印象是脆弱的、容易心烦意乱和受到精神创伤的。找到支持这一观点的证据并不难。很多心理治疗领域的工作者都清楚，每一场灾难都要给那些亲历灾难的人，以及那些目睹灾难的人，甚至那些满脑子都是灾难想法的人提供心理咨询服务。电视节目中的"暴力画面"似乎会影响我们，而我们似乎不知道如何"操控开关"。我们要设立求助热线，帮助任何因暴力画面或可能引发将来的或想象的虐待画面而心烦意乱的人。伦理研究委员会常常忙于排除各种可能存在的问题，例如，某个人可能被面试问题搞崩溃了，需要心理帮助。某种程度上，心理治疗和心理咨询是所有这些问题的答案，一切心理上的困难都可以通过心理治疗和心理咨询的安慰来治愈。在凯利的时代，合理使用心理治疗和心理咨询是必要的。如今，奇怪的是，试图弄清楚心理治疗和心理咨询的局限性似乎是更重要的。

---

① Kelly, G. A. (2003). Teacher-student relations at university level. In F. Fransella (Ed.). *International Handbook of Personal Construct Psychology*. Chichester: Wiley, p.236.

很难简单解释这种文化改变。因为人们需要心理治疗，所以才提供心理治疗吗？或者如超市货架上新的速食食品，因为人们需要这些产品，所以才上架销售吗？或许，这些说辞是那些吹嘘自己可以提供心理咨询服务的机构，在回应他们认为的赔偿文化，并为自己辩护，防范想象中可能存在的对损害的索赔。毫无疑问，文化改变是各种力量之间复杂的相互作用的结果。无论出于何种原因，现在对心理治疗和心理咨询的宣传，放大了它们的重要性。我们每个人都出生在一个先于我们的社会，并把它作为自然的社会结构。然后，通过个人建构系统的媒介，我们对这一社会结构进行解读和阐释。[①] 现在，大多数人都以一种50年前没有的方式了解各种各样的心理障碍，因此他们把自己的经历与这些心理障碍联系起来，并进行自我诊断。过去，同样的经历可能被解读为神经紧张，或者是生活艰辛不可避免的产物。当然，在心理治疗和心理咨询的过程中，可能会有道德弱化的成分。同样的事件，例如，嗜睡的感觉和忧郁的情绪，现在在心理治疗和心理咨询中可能将其解释为抑郁症。

从建构主义的角度来看，这种文化改变不是启蒙，不是以我们眼中的标准发现的事情的真相。这种文化变化可能会带来各种各样好的、坏的影响。从好的方面来说，疾病和混乱失调框架可能催生更多人道主义关怀。过去，凯利说："人们一直坚信，当一个人失去理智的时候，他首先应该得到的是带有关爱的警告，如果不奏效，他应该受到善意的惩罚。"[②] 至少当人

104

---

① Berger, P. & Luckmann, T. (1967). *The Social Construction of Reality*. Harmondsworth: Penguin.

② Kelly, G. A. (2003). Teacher-student relations at university level. In F. Fransella (Ed.). *International Handbook of Personal Construct Psychology*. Chichester: Wiley, p.235.

们生病时，他们应该得到同情，但他们也得到病态的角色，这是这个"等式"的缺点。按照医生的命令，你可以接受治疗。正如我们所看到的，从凯利的观点来看，这不是一个很好的心理建构的立场。

正如我们所看到的，凯利希望他的理论能够在心理重建的过程中发挥作用。有批评家指出，凯利没有给我们一套新的技术策略，他只是重新定义了治疗的框架，以便应用现有的技术。凯利将心理障碍定义为重复使用的、无效的建构，这种定义可能被认为太抽象、太理智、太无情，这也许就是个人建构心理治疗没有得到更广泛应用的原因。其他更成熟的心理治疗方法认为，个人建构心理治疗不够独特。认知行为治疗师会辩称，他们已将个人建构心理学的价值——作为科学家的人，以及认识到患者认知的重要性——变成更简单的方法。罗杰斯主义者会认为，个人建构心理治疗过于理性，因此不够尊重来访者的现象学经验。精神分析学家认为，个人建构心理治疗的不足之处在于，它没有容纳动力性潜意识的空间。我将在第七章讨论这种批评。

第七章　潜意识和人类的破坏性

对个人建构心理治疗的一种批评是，认为个人建构心理治疗没有考虑潜意识的力量是如何作用于人的。如果人们被自己无法控制的力量左右，那么仅仅对自己的选择负责是不够的。这种把人的本质看作是在不同的冲动之间挣扎，并与自己发生冲突的模式被称为心理动力学。在治疗领域，有时会用"深度"与"肤浅"的建构来评判不同的治疗方法。精神分析学家会欣然承认，行为疗法和认知行为疗法可以有效缓解许多不想要的行为，如强迫症或强迫行为，但他们会将这些行为视为深层困扰——潜意识冲突的症状。因此，全面的治疗将包括对这些潜在问题的分析，防止出现其他可能的症状。因此，行为治疗只被视为针对表面问题的处理。个人建构理论被视为一种复杂的认知方法，它似乎是一种理性主义的理论，认为情感和行为服从于认知和思维。如今，我在这本书中通篇都在表达"这是对建构的误解"。个人建构理论并不是毫无感情的理论。尽管如此，我们还是要认真对待这一批评。这是因为潜意识的概念既强大又受欢迎，而凯利对这个概念似乎不屑一顾。因此，我首先要说明潜意识概念的发展，并强调它解释人类破坏性的方式。我将重点讲破坏性，因为随着弗洛伊德年龄的增长，他越来越看重"破坏性"这个概念。我将总结凯利对动力性潜意识（dynamic unconscious）概念的反对，以及凯利将他看到的有用的观点转化为个人建构理论的尝试。最后，我将尝试对涉及的问题进行批判性的评价。

108　　**潜意识**

　　弗洛伊德没有"发现"潜意识，弗洛伊德只是借鉴了德国文化中丰富的潜意识传统，尽管他确实以一种特殊的方式塑造了"潜意识"这个概念。与弗洛伊德同时代的格罗德克（Georg Groddeck）或许再现了对潜意识更为传统的理解。格罗德克提出，潜意识思想贯穿人类的存在，引导着个体的生命历程。[①] 这个潜意识的概念与其说是个体层面的概念，不如说是集体层面的概念。格罗德克和弗洛伊德一样，是一名医学家，他的兴趣在于理解身心疾病。但格罗德克的潜意识概念也关注艺术和音乐领域，即原型如何以无言的形式传播和交流。在许多方面，这更接近荣格的潜意识版本。弗洛伊德的贡献是将潜意识过程视为个体压抑的结果。

　　心灵领域不符合理性思维，而是遵循自己的规则。"心理动力学"一词主张，每个人本质上都在与自己发生冲突。个体受到与他的意识平行的潜意识力量的支配，潜意识力量能扰乱意识。我们必须记住，弗洛伊德认为的潜意识，不仅仅是低于意识水平的感官数据。当代认知心理学坦率地承认，有太多的信息需要人类处理，研究者可以关注迄今为止未被注意的各种感官数据。但在弗洛伊德的术语中，动力性潜意识是由被压抑的事物构成的——我们未意识到的令人不安的思想、记忆和冲动。盖伊（Peter Gay）用一个恰当的比喻总结了这个观点：

[①]　Groddeck, G. (1949). *Exploring the Unconscious*. Plymouth: Vision Press. 这是格罗德克（Georg Groddeck）20 世纪早期的散文集。

大多数潜意识是由被压抑的事物构成的。正如弗洛伊德所定义的那样，这种潜意识并不是大脑中暂时隐藏看不见，但容易回想起来的想法的部分，这是弗洛伊德所说的前意识。相反，潜意识本身就像一座戒备森严的监狱，关押着反社会的囚犯，他们或者是已经在监狱里被折磨了好几年的老囚犯，或者是新囚犯。监狱里守卫森严，管理严苛，但这些囚犯几乎无法控制自己，而且永远试图逃跑。他们的成功只是间歇性的，而且会给他们自己和他人带来巨大的损失。①

有的事物之所以被限制在潜意识领域，是因为它的不稳定性。弗洛伊德和布洛伊尔（Josef Breuer）（当时，布洛伊尔是弗洛伊德密切合作的伙伴）提出了这种建构，以理解癔症的痛苦。癔症有躯体的症状，但找不到器质性原因。在 19 世纪末，癔症被认为是装病。弗洛伊德认为，癔症患者确实病了，他并不是有意制造身体上的痛苦。相反，癔症患者潜意识地把精神上的痛苦转化为身体上的痛苦。婴幼儿可能会压抑受到的性虐待和生理虐待，但被压抑的创伤会通过症状表现出来。压抑并不完全是成功的，压抑会导致神经症的痛苦。

人们很容易忘记，近半个世纪，弗洛伊德都在写作。当然，弗洛伊德的思想也在这一时期有了很大的发展。② 弗洛伊德在发展他的俄狄浦斯情结时，修改了他的创伤理论。弗洛伊德认为，在俄狄浦斯情结阶段的末期，婴儿会压抑母亲对他的性吸引力，把性欲转移到其他地方。弗洛伊德坚持认为，这种压抑对于文明生活是必要的。尽管如此，压抑可能会导致神

① Gay, P. (1988). *Freud: A Life for Our Time*. London: HarperCollins, p.128.
② Stevens, R. (2007). *Freud and Psychoanalysis*. Basingstoke: Palgrave.

经症问题。1923 年，弗洛伊德重新阐述了他的观点，这就是所谓的人格结构理论。这是弗洛伊德对本我、自我和超我结构的重新诠释。本我，就是格罗德克所谓的"它"（it）。事实上，格罗德克也和弗洛伊德一样，用的是德文术语 das Ich，只是在翻译成英文的过程中，将 das Ich 按字面意思翻译为"它"了。"它""自我"和"超我"是在翻译过程中创造出来的词汇。"它"指的是一种难以控制的冲动情绪。但是，这样翻译损害了弗洛伊德的思想。本我、自我和超我的译法，让我们觉得它们好像是一个实体存在于某个内在的心理空间。心理过程被实体化了。正是如此，我们今天才能在很多心理学教科书中看到这些概念的插画：把潜意识画成盒子，盒子里面塞满了不需要的东西。因此，许多对动力性潜意识的反对都是基于对它的一种粗略的错误理解。据说，弗洛伊德说，治疗的目的是"有本我的地方，就应该有自我"，从人类发展的角度理解这一点是很重要的。弗洛伊德声称，当我们拒绝或谴责自己的冲动时，心理问题就产生了。但冲动是人拥有的，在人意识到这一点之前，冲动将继续发挥其效力。精神分析的目的应该是鼓励人们拥有他们自己不愿拥有的某些方面。一些当代精神分析师总结说，分析应该让人直面自己。

人类的破坏性

弗洛伊德后来的著作，关注的重点不是性，而是人类的破坏性。在弗洛伊德死后，人类潜意识的侵略冲动就极尽展现了。[①] 在第一次世界大战期间，弗洛伊德变得抑郁了。弗洛伊德的朋友们被征召入伍。在战争中，弗洛伊德失去了亲人。在

---

① 克莱因（Melanie Klein）和弗洛姆（Eric Fromm）都阐述了这个概念。

战后的经济混乱中，弗洛伊德靠精神分析治疗换一袋袋蔬菜。①
随后的反犹太运动一直伴随着弗洛伊德和他的家人，直到1938
年，弗洛伊德被迫流亡英国。或许对精神分析最有力的批判
之一是，精神分析总是低估文化的影响，而把精神分析的构建
归功于自然领域的发现。因此，我们现在以一个完全不同的视
角来回顾19世纪90年代的性压抑，这个视角与奥匈帝国衰落
文化中一些人的视角完全不同。在21世纪初，我们很难理解
迫使人们"压抑"性冲动的社会风气。现在，弗洛伊德对先天
攻击性的推测在多大程度上是基于文化的特殊性，我们无法判
断。但毫无疑问，它们今天仍能引起我们的共鸣。

今天，我们都太了解暴力、仇恨和狂热了。尽管令人欣慰
的是，核毁灭的威胁已经消退，但人类面临的新威胁并不少。
事实上，我们现在的生活充斥着一种非理性的恐惧文化。② 新
的和更加复杂的媒体能够并且确实向我们展示了世界各地战争
和残暴的各个方面。我们目睹了愤怒、报复和骇人听闻的暴
行。人类不人道，这一点毋庸置疑。人们担心恐怖袭击的危
险、掠夺性恋童癖，甚至是陌生人。当然，掠夺性恋童癖、危
险的陌生人和毁灭性的恐怖攻击都是存在的。然而，他们的发
生概率被严重高估了。人们总愿意相信这些遥远的威胁。会不
会像弗洛伊德认为的那样，人们模糊地意识到自己的破坏性冲
动？或许人们意识到，在文明的外表下，潜伏着破坏性力量？
对电影、电视、视频和互联网的道德恐慌接连不断。脆弱的人
受到伤害，或者在无意模仿中处在犯可怕的性暴力罪的边缘。
也许人们会潜意识地把自己的破坏性冲动投射到别人身上？

111

---

① Gay, P. (1988). *Freud: A Life for Our Time*. London: HarperCollins.
② Furedi, F. (1997). *Culture of Fear: Risk Taking and the Morality of Low Expectation*. London: Cassell.

　　大多数动物并不像人类一样，拥有残忍的能力。我们在动物的行为中看到了残忍，但最终，残忍属于人类，而不是动物。因此，当我们看到一只猫和一只受伤的老鼠玩耍时，我们可能会认为这是残忍的行为。但这是一种动物本能，这种行为模式在很大程度上是固定的。猫不以老鼠的痛苦为乐。我们也无法将猫的行为解释为报复。猫没有用拯救异教徒灵魂的伪善淤泥来掩盖它的快乐。猫没有语言工具来反思自己的感受，更不用说反思受害者老鼠的感受了。现在，人们认为黑猩猩和高等海洋哺乳动物可以像人类一样，会无缘无故地作出残忍行为。黑猩猩显然也有一种道德感——一种对与错的致命观念——这反映了人类的破坏性。但毫无疑问，人类是地球上最危险的物种，因为人类有隐藏怨恨、寻求报复和制造苦难的能力。人类的技术能力为这些破坏性力量加分，以惊人的方式引导和放大这些破坏性力量。但是，残酷似乎和人类的历史一样悠久。最早的文字记载了战争、酷刑和无端杀戮。

　　尤其令人不安的是，邪恶通常是由那些不自我怀疑的人犯下的。他们用绝对信念武装自己，认为他们是在为上帝或更大的善而行动。从宏观的角度来看，痛苦并不是犯罪和犯法者造成的，痛苦是当权者——那些有信仰的十字军战士，那些知道自己为正义而战、惩罚有罪的人和拯救人类的人造成的。今天，我们认为纳粹党卫军是邪恶的象征。第二次世界大战结束时，党卫军被判为犯罪组织，但其成员并不认为自己是邪恶的，他们认为自己把文明世界从共产主义和犹太复国主义阴谋论中拯救出来。希姆莱（Heinrich Himmler）在唯一一次提到大屠杀的公开演讲中谈到，他们不得不做一些可怕的工作，并努力在做时保持体面。这里，我们看到一种人类特质——自欺欺人。别人比我们自己更清楚我们的意图。我们一层又一层地包裹自己，自以为是地保护自己，但却让我们无法在享受仇恨的快乐时骗别人。弗洛伊德的观点是，这种自我欺骗正是潜意识起作用的主要例子。我们的潜意识使用了弗洛伊德所说的防御机制，比如，投射。我们设法在别人身上而不是在自己身上看到邪恶。这使我们能够在既不内疚，也不严厉自我批评的情况下，纵容自己仇恨的冲动。

112

在英国，克莱因在她的客体关系理论中详细阐述了弗洛伊德关于死本能的研究工作。克莱因认为，甚至在吃母乳的婴儿身上也能观察到死本能。在这个前俄狄浦斯情结阶段，婴儿没有"人"的概念，却与性欲的对象——最初是乳房——有接触。与客体（在这个阶段，是"部分客体"，因为此时没有作为一个整体客体的"人"的概念）的关系模式往往会在一生中重复出现。在部分客体关系中，婴儿在需要得到满足和需要得不到满足时，分别感受到满足和沮丧。克莱因声称，在这个时候，我们可以看到死本能在起作用。婴儿愤怒、嫉妒和贪婪。与此同时，婴儿想摧毁他的目标，但他害怕世界会以摧毁他的方式来惩罚他。因此，婴儿陷入困扰中。克莱因将这一阶段称为偏执型分裂状态。"分裂"指的是好的客体和坏的客体之间关系的分裂，"偏执"指的是对惩罚的恐惧。在这个时候，母亲的工作就是包容婴儿的情绪，同情而不是报复婴儿或被婴儿的反应压垮。如果母亲不能做到这一点，并放大了婴儿的焦虑和愤怒，那么这个婴儿在以后的关系中就很难管理好自己的情绪。如果这个立场被成功地转换，婴儿就会进入抑郁状态，在抑郁状态下，婴儿能够意识到他处在一个像自己一样的人的关系中。

很重要的一点是，克莱因将这些称为立场而不是阶段。发展阶段已经过去，再也不会回去。当婴儿沿着皮亚杰的认知发展阶段发展时，他不能倒退回之前的阶段并重新获得早期阶段的认知特征。立场就像观点。从不同的立场可以看到不同的风景。从不同的角度，可以看到不同的事情。从偏执型分裂状态的立场来看，与其说世界上充满了人，不如说世界上充满部分客体——那些存在是为了满足你或与你作对的东西。视角转变后，我们贪恋或憎恨那些根本不具有人的特性的人物。我们失去了这样一种认识：我们正在同与我们相似的人打交道，每个人都有自己的观点和建构体系。客体关系理论家强调，在整个生命中，我们在不同的世界结构之间，特别是在重要人物之间摇摆。

113　个人建构理论和潜意识

我们要记住，凯利承认弗洛伊德在理解人类的痛苦和苦难方面所作的贡献。尽管如此，个人建构理论还是提出另一种对人类状况的建构，即人类所有的痛苦和苦难都是同一类事件。人们感到沮丧、焦虑、绝望，甚至想要自杀，这都是同一类事件。然而，潜意识本身并不是一个事件，潜意识和人类痛苦的存在方式不同。在凯利看来，弗洛伊德提出"潜意识"的概念，就是为了用它来解释事件。个人建构理论的实用主义立场让我们思考建构的实用性。我们已经看到，在过去一个世纪，精神分析理论对潜意识的解释不断发展变化。凯利对心理动力学理论的研究也许比乍一看要复杂得多。凯利确实想保留心理动力学理论的一些思想，但不是以它们形成的形式来保留。凯利把他认为有用的方面翻译并加入到他自己的理论中。我们的问题是：凯利在翻译和研究精神分析的过程中，他收获了什么？又损失了什么？

首先，我们应该了解凯利认为的精神分析的总体缺点。可以这样总结：凯利不喜欢精神分析的框架和词汇。毕竟精神分析是由一位医生提出，由其他研究者进一步发展的。精神分析谈论疾病、变态和病人，它认为人由他们不知道的力量驱使，每个人都在与自己交战，被欲望和威胁撕裂。患者需要治疗。正如我们前文所见，凯利并不喜欢这种观点。凯利认为，所有这一切观点，离真正的科学——发展理论、检验理论，然后继续发展理论——还很远。与精神分析理论强调潜意识的驱动和力量相反，个人建构理论强调选择和主动性。凯利声称：

> 恐怕我就是那个认为当我们不想费心去理解一个人时，我们就会将解释诉诸动机或心理动力学的人。我简单地说，一个人所做的事，就是他对世界的建构和他的一种表达，他被他心灵深处的主动性推入其中。[①]

在这里，凯利声称，最终每个人都要对自己的行为负责。正如我们所看到的，存在主义者也坚信，个体要对自己负责。人可能会选择不去看他们做了什么，但做的人就是他们自己。他们可能需要咨询师的帮助才能看到这一点，但原则上，没有什么藏在内心深处或在我们可理解的范围之外。我们的行为和感受有充分的理由，我们不受我们永远无法触及的动机的驱使。凯利思想的核心是，不要费心去理解别人。凯利认为，从本质上说，我们与他人建立关系的方式有两种：要么将他人作为刺激—反应的机器，要么将他人视为像我们这样的人。在凯利的社交推论中，他概述了根据他人的建构行事的重要性。这就是上面提到的"费心去理解别人"。人的存在不仅仅是为了满足或惹恼我们——他们也有他们行动的理由，虽然有时我们很难欣赏它。有趣的是，在这里，我认为，我们可以看到凯利

[①] Kelly, G. A. (1969). Clinical psychology and personality. In B. Maher (Ed.). *The Selected Papers of George Kelly* (p.218). New Jersey: John Wiley & Sons.

的想法和客体关系理论家的想法有相似之处。两者都强调"把人当作物体"和"把人当作像我们一样有知觉的存在"之间的区别。两者所说的都带有道德意味。凯利坚持认为，只有精神病患者才会把人当作物体来对待。在日常生活中，我们应该始终以理解他人的观点为目标——他们来自哪里——并在我们的行动中考虑这一点。这是社交推论的基础。

　　但是，如果凯利的想法和客体关系理论家的想法有相似之处，那么两者在使用术语和理论重点上会有重要的区别。凯利当然使用了诊断标签，尽管他认为，诊断标签对于理解人来说是一个很生硬的工具。虽然诊断标签可能会给我们提供关于如何思考人的第一条线索，但诊断标签却把人固定在临床医生的诊断网络中，却不能为其提供一条行动的指引。因此，虽然凯利认识到诊断标签的一些积极方面，但他也强调诊断标签的缺点。凯利确实写道，把人当作物体是精神病患者的特征。凯利可能用了偏执和分裂这样的术语。但很难想象，凯利会把"以他人的观点来看待他人"视为"达到了一种抑郁的状态"。凯利承认，这是一个过程的建构，但这与"从人类的成就和进步方面来建构人"完全相反。① 虽然我们可以把行动看作是逃离焦虑和威胁的一种尝试，但同样可以把行动看作是对意义和建构的追求。凯利认为，这是一个硬币的两面，他更喜欢强调对意义的追求（缺少意义是焦虑的原因）。同样，精神分析是与凯利提倡的现象学方法相对立的。当一个分析师想到潜意识时，他知道他会在那里发现竞争、欲望、嫉妒、仇恨和贪婪。这是一种理论驱动的观点，精神分析师最清楚。"洞察力"是

115

---

① 凯利在阐述他的理论时强调，如果从较长的时间的维度，而不是从转瞬即逝的瞬间来理解人，人可能会得到更好的理解……从较长的时间维度理解人，使我们把注意力转向那些似乎可以解释人的进步的因素，而不是那些背叛人的冲动的因素。（Kelly，1955，pp.3–4）

指患者在接受治疗师的参考框架时会出现的能力。凯利指出：

> 不使用"潜意识"这一概念的决定源于我们的系统立
> 场。这是个人建构心理学。我们假设存在个人建构。如果
> 来访者不以我们的方式建构事情，我们假设他以其他方式
> 建构事情，这并不是说来访者必须以我们的方式，以一种
> 他没有意识到的方式建构事情。如果后来来访者以我们的
> 方式解释事情，对于来访者来说，这是一种新的建构，而
> 不是我们帮助来访者展现出来的潜意识建构。我们的建构
> 是我们自己的建构。没有必要在来访者的"潜意识"中将
> 它们具体化。①

具体化——把过程变成实体——产生了一种鬼怪学，凯利
认为，这种鬼怪学在帮助人们重建生活方面毫无用处。这可能
会导致人们否认自己建构的某些方面（"那不是我——那是我
的本我"）。但是，值得注意的是，凯利自己在写现有的建构
时，也传播了这种具体化！然而，人们并不一定知道他们的建
构过程。凯利提出了一些将潜意识过程有效融入个人建构理论
的方法。

前语言解释

从生命的开始，婴儿就开始理解他的世界。婴儿可以马上
区分出舒服与不舒服，饱与饿，安全与危险。在婴儿拥有语言
思考能力之前，这些建构就开始发挥作用了。婴儿形成了一个
前反思和直接的领域，以协调的方式告知预期和反应。凯利指

---

① Kelly, G. A. (1955). *The Psychology of Personal Constructs*. London: Routledge, pp.466–467.

出，认为"成年人是独立的，而婴儿是依赖他人的"设想是错误的。我们的食品、安全、健康和发展都依赖于复杂的社会结构。我们学会依赖不同的个体。婴儿依赖的重要之处在于，他们依赖某些人（例如，母亲）来维持生存。因此，在依赖领域，前语言解释（preverbal construing）可能是最丰富的。我们对所爱之人的依恋会反映出这种前语言解释。

116　　　　在很多方面，这种说法反映了客体关系理论的思想，精神分析学家只会将其视为稀释版的客体关系理论。但是，弗洛伊德的精神分析并不认为婴儿发育早期的经验重要。凯利当然读过弗洛伊德的作品，但他是否读过克莱因的作品，我们就不知道了。前语言解释无疑属于婴儿发育的早期阶段，凯利指出前语言解释的可能性，独立阐述了这一点，并强调了它的重要性。然而，凯利的立场基本上是现象学的。凯利拒绝任何由理论驱动的关于潜意识内容的假设。凯利认为，没有理由期望在潜意识中发现压抑的性冲动和破坏性冲动。凯利把自己局限于心理过程的运作。关于需要被压抑的人性的那些方面，凯利没有什么基本的假设。

悬置

　　压抑的概念将我们引入到凯利所说的"悬置"（suspension）的概念。我们应该记得，凯利认为，建构系统是按照顺序进行的。上级建构包括在其适用范围内的下级建构。就像事实只有在特定理论的探照灯下才会显现出来一样，事实只有在解释时才会显现出来。那些与其他事物相似且没有什么不同的元素，往往不会得到解释，因为它们毫无意义。人们可以说，这些内容是被遗忘的、被压抑的，或者用凯利的术语来说，这些内容是被悬置的。跟我们童年记忆不符的内容，我们最好将它们悬置起来。如果艾玛的童年故事强调她小时候和母亲在一起时有多么美好，那么她可能忽略了母亲不够善良和善解人意的一面。现在，有人可能会认为，这是弗洛伊德压抑思想的廉价而简单的版本。但这将错过建构主义方法的一个重要特征。如果艾玛回忆童年时想到的是一幅可怕的画面——她总是被冷落，从来没有人真正爱过她，那么这种叙事方式也说得通。在这里，艾玛将那些不符合她的叙述或童年故事的记忆悬置起来了。如果不能将这些悬置的内容解释为更高级的建构，那不如忽略它们。但是，我们会说这些记忆被压抑了吗？我们不会这样说。这不是压抑。

我们可以看到，在精神分析和个人建构理论中，"过去被压抑的事件"导致个体产生焦虑。凯利认为，那些无法解释，但又不能忘记的因素，才是导致焦虑的因素。忘不掉的事就属于这一类。我们可以看到，凯利的表述不仅仅是翻译精神分析理论，凯利对治疗有不同的理解。与精神分析学家不同，凯利不专门研究移情（transference）。精神分析学家关注治疗师与患者的移情关系，尤其是患者如何将属于早期的客体关系转移到精神分析学家身上。通过将移情放在首位，精神分析师希望弄清依恋模式（通常是不合适的依恋模式）从什么时候开始就已经在个体生命中存在了。相比之下，凯利关注的是用各种手段来实现重新建构。在这里，治疗师关注的可能是降低建构的渗透性，而不是忽略建构。这意味着，应该质疑建构（在这个例子中，是记忆和经历）对新元素的渗透性。因此，治疗师可能会质疑建构在理解事物方面不够充分，但与此同时，治疗师可能会考虑开发更有意义的新建构（或当前处于下级的建构）的方法。

淹没

上面的例子可以扩展到凯利关于建构的淹没的命题。在淹没中，个体的建构是不平衡的，例如，个体认为所有人都是善良的或残忍的。凯利指出，当所有元素都被解释为维度的一端时，维度就失去了意义。他认为，当一个人不愿考虑两极建构中的某一极的影响时，这个极就会被淹没。在上面的例子中，如果在艾玛的童年回忆里，母亲是忽视她的（如果事实上，童年的一切又很美好）或母亲是善良的（如果事实上，母亲却常常忽视她），艾玛可能会发现，这太令人不安了。这让人想起了一种对糟糕科学的描述：如果事实与理论不符，那么事实就是错误的。淹没不让个体（"科学家"）把理论付诸实践，并让个体保持现状。正如我们所见，凯利将"敌意"定义为试图篡改证据以符合一个人的期望。与精神分析不同，个人建构理论不是享乐主义理论。个人建构理论认为，人们不会简单地受感官愉悦的驱使，也不会试图压抑自己的欲望，相反，人们对事件的预测指导他们的行动。重要的是能够理解问题，并通过与一份可行的办法协商解决问题。怀有敌意的人就像一个固执的步行者，即使有证据证明他走错路，他也坚持自己没错。他宁愿做自认为正确的事，也不愿快乐。建构被淹没的一极让个体这样做。如果山姆不能忍受他母亲不爱他的想法，即使有很多证据表明，他的母亲忽视他或对他很冷漠，他也会坚持认为所有的母亲都是爱自己孩子的，他也一直被自己的母亲深爱着。

118

　　凯利认为，在自我理论中，经常存在淹没。萨拉的故事可能集中在她的自我信念上，她认为，首先，她是一个忠诚的朋友。如果"忠诚"是萨拉的核心建构的一个核心特征，那么当她看到背叛的事，比如，一个朋友背后对另一个朋友说三道四时，我们可以想象，她会产生敌意。她不能在自己核心建构的身份问题上犯错。

放松

一个放松的建构不会对元素施加严格控制。如果我们前一分钟认为一个人很残忍，后一分钟又觉得他很善良，那么这个善良或残忍的概念就是一个放松的建构。凯利认为，我们可能会认为，一个人的建构很严格就会显得有些死板，而一个人的建构完全放松又显得这个人永远无法理解任何事情。事实上，对其他人的放松的建构是精神分裂症的特征。因此，我们的建构系统在建构与修正上的变化，必须与某种确定性保持平衡，这种确定性可以调节我们与世界的联系。因此，创造性思维是通过放松和紧缩的循环来实现的。

贝尔认为，放松的建构抓住了潜意识的许多特征，例如，潜意识是永恒的，不坚持现实原则。[①] 凯利把梦作为放松的建构的一个好例子。在梦中，你会发现，你自己在和这个人交谈，但你明明知道他是另一个人，你发现，你们正在你小时候的家中，与此同时，你又在与现在的朋友打交道。所有这些都不会困扰一个做梦的人，正如他在梦中所做的那样，他的逻辑是放松的，不受理性的"如果—那么"关系的束缚。但是，在我们与亲密之人的日常交往中，我们很可能被同样模糊的"潜意识力量"控制。萨拉和父亲的关系可能会以不同的方式影响她对伴侣的预期。她觉得父亲总是挑剔她，总是挑她的毛病，这可能会在不知不觉中影响她与她所爱的男人的相处方式。保持警惕、自我防卫和做好战斗准备很可能会影响亲密关系的进程。当然，这可能很容易产生她期望的反应，这些批评证实了

119

---

① Bell, R. (1996). How can personal construct theory explain disorders of perception and cognition? In B. Walker, J. Costigan, L. Viney & W. Warrenf (Eds.). *Personal Construct Theory: A Psychology for the Future.* Australian Psychological Society Imprint.

人作为科学家的实验。

评价

我们现在需要批判性地思考动力性潜意识的概念。潜意识是解释人类破坏性的必要结构吗？凯利拒绝从潜意识的角度思考，是否严重阻碍了他的人格理论？我们刚才假设的例子指出了理论与实践之间的联系。精神分析师对潜意识的强调导致他们将移情作为主要的临床工具。精神分析师的工作是创造一种治疗关系，在这种治疗关系中，患者可以把他们的潜意识幻想转移到精神分析师身上。因此，如果萨拉因为她认为自己在人际关系中具有自我毁灭的倾向而寻求精神分析师的帮助，那么精神分析师可能会鼓励萨拉把同样的潜意识投射到他身上。这是通过将患者置于孩子般的位置来完成的，而精神分析师允许患者将自己视为母亲或父亲。精神分析师要做的就是不报复（不像父亲和被激怒的伴侣可能会做的那样）。对精神分析师来说，这种全然的接纳可能会引发患者的领悟，而对凯利来说，这是一个不成立的实验。精神分析和个人建构理论这两种体系的不同之处在于，在个人建构理论中，治疗是不可能在移情关系中完成的。凯利假设潜意识的建构过程和其他过程受相同的规则支配。这些建构的放松和前语言性质一般可以通过实验来检验和纠正。与来访者展开推理，并面对要解决的问题和挑战，设计解决方案，可能会使这项工作有效完成。当然，精神分析师可能会遇到"阻力"。在这里，个人建构理论不同于认知行为疗法。人们并不会轻易放弃他们的"理论"，这些"理论"构成他们与其他重要他人关系的结构。最重要的是，萨拉可能"不受摆布"（不被淹没）。这可能是她"自我"的一个特征，这个特征在其他情况下是没有问题的，而且这个特征确实是萨拉自我理论中一个让她觉得引以为傲的方面。

我们无法平衡这两种对立的观点。我们能做的是问一个 120
更广泛的问题：凯利对潜意识过程的理解是否遗漏了一些关于
人类状况的真相？精神分析学家会说的确如此，个人建构理
论未能捕捉到我们努力的动力及其破坏性本质。人类内心冲突
的方式和容易自欺欺人的问题并没有得到解决。正如我们所看
到的，凯利宣称，他更愿从人类进步的角度来看待人类。凯利
关注的是人类的目标是什么，而不是人类在逃避什么。这让我
们看到两种截然不同的世界观。我们的评价应该从解构两者开
始。这是一种潜意识的（非动力性的）感觉。理论家，与普通
人一样，总是在社会和文化框架内运作，这既限制又促进了他
们的建构。

弗洛伊德和克莱因的理论源于原罪，而原罪是犹太教和
基督教对人性的核心看法。人生来自私、贪婪、好攫取。人心
生怨恨，容易仇恨，造成破坏。文明试图抑制这些冲动。我们
都同意放弃一些个人自由，以换取安全。我们内化了良知和自
我批判的能力，这种能力通常使我们循规蹈矩。好公民不是天
生的，而是后天培养的。精神分析学家对此意见不一，一些人
强调天性的重要性，一些人强调后天培养的重要性。但是，无
论两者之间如何平衡，仇恨和毁灭在人类中普遍存在，这是不
容忽视的。所有这些都被镌刻在第五章我们讨论过的伊甸园神
话中。正如我们所见，凯利从这个神话中得到不同的结论。凯
利强调人类的无畏精神：拒绝过安全的生活，转而去冒险。凯
利非常清楚地认识到人们的负罪感，但他从现象学上定义了负
罪感——一种与核心角色建构脱节的感觉。构成核心角色的要
素因人而异，对于在潜意识中会发现什么，没有简单的规定。
继杜威之后，凯利不再认为人类的破坏性是与生俱来的。当
然，人们有潜在的仇恨，但人们也追求正义和公平。人们在这

个世界上的经历，以及人们对经历的解释造就了他们。重要的是，凯利对内疚的定义不仅是现象学上的，而且正如沃伦（W. Warren）所指出的，它以一个社会母体为背景。

凯利的立场是务实的。他明白不同的治疗方法各有其价值。更重要的是，正如我们在第一章看到的，凯利认为心理治疗让我们得以一窥人性，这是在无菌实验室实验中无法发现的。然而，当我们将理论的适用范围扩展到它的极限之外时，必须谨慎。

> 弗洛伊德的精神分析最初是一种心理治疗技术，但后来逐渐发展成一种人格系统，被有些人发展成一种宗教哲学系统。这种微型系统的扩张不一定是一件坏事，但如果一个人没有认识到，在有限范围内合理正确的东西，在该范围之外未必是正确的，那就会造成麻烦。①

在这里，凯利的意思是，在动力性潜意识中，并不是每个人都在与同样的冲动作斗争。可能某些患者在斗争中会感到悲伤，但不是每个人都这样。这似乎是很好的现象学假设。我们都应该避免归纳推理，不要想当然地认为我们在少数人身上发现的东西适用于大多数人。凯利的理论关注的是心理过程，而不是心理内容。个人建构理论比大多数人格理论抽象，当然也比精神分析抽象。这也许是个人建构理论的优点，也是它的缺点。个人建构理论的优点在于，它不关注内容，关注内容或"潜意识内容"可能会混淆文化与自然。19世纪末的奥匈帝国人与21世纪初的人大为不同。西欧民主国家中最重要的自由

---

① Kelly, G. A. (1955). *The Psychology of Personal Constructs*. London: Routledge, p.11.

主义，到了 21 世纪，也在很大程度上消失了。曾经盛行的独裁主义和反犹太主义风气也消失殆尽。[1] 个人不能脱离，也不能不受其所处的非常独特的社会和经济条件的影响。个人建构理论缺点是，它可能会忽略人类的一些倾向，这些倾向即使不是自然的，至少也是潜在的，很容易激活的。

　　盖伊（Peter Gay）在广泛的历史研究中发现，人们经常喜欢虐待他人。[2] 维多利亚时代的文明为这种虐待提供了"托辞"——为虐待建立好的（而不是真实的）理由。爱打人的校长、虐待狂狱警和十字军战士都是虐待这个主题的变体。盖伊引用了德国漫画家布施（Wilhelm Busch）在大众媒体上描绘残酷的臭名昭著的话："痛苦、折磨，拥有一些非常吸引人的特质，它会同时引起恐惧和快乐……（杀戮）极具吸引力，迷恋和厌恶，前进和后退，对应于我们内心的两极"。[3] 恐怖的模糊的吸引力和危险的刺激似乎在召唤一种动力性潜意识来解释它们。在一个接受并享受残忍的社会，例如，古罗马，不需要托辞、合理化和压制。但在现代文明中，一个人不得不伪装后才能享受施虐的快乐。如今，以维多利亚时代的方式从痛苦中获得快感是不可接受的。但我们如何理解恐怖电影的持久刺激，以及对大规模谋杀和酷刑的迷恋呢？如今，报纸都是以残忍和可怕的故事为卖点，这一点一如既往。我们如何解释这些现象？除非人们能在这一切中得到乐趣？套用弗洛伊德的说法，这种自我欺骗是人类为文明付出的代价。

　　在第五章中，笔者论证了凯利的理论与存在主义的相似之处。正因为如此，笔者才对潜意识的存在主义解释感兴趣。和

122

[1]　Gay, P. (1988). *Freud: A Life for Our Time*. London: HarperCollins.

[2]　Gay, P. (1995). *The Cultivation of Hatred*. London: Fontana.

[3]　Gay, P. (1995). *The Cultivation of Hatred*. London: Fontana, pp.417–418.

凯利一样，存在主义也关注心理过程而不是心理内容。然而，存在主义成功地捕捉到个人建构理论缺失的关于人类状况的一些东西。① 这是因为存在主义认识到自欺的重要性，同时保留了选择和个人责任的概念。因此，存在主义可以被看作是在一个尚未理论化的领域扩展个人建构理论。

　　个人建构理论对潜意识过程的表述不同于经典的精神分析。在个人建构理论中，没有压抑，即一种埋葬了"事物"的动力的概念。相反，个人建构理论强调，婴儿不像成年人那样拥有意识。意识是通过用语言思考事物的能力来实现的。语言是思考的工具，而思考就像内化的语。我们可能会考虑是否要"在心里"做某事，但我们之所以能这样考虑，是因为我们有表达我们选择的语言，也因为我们熟悉外部世界思考的过程。因此，我们的个人世界是从公共世界分割出来的。婴儿无法做到这一点。婴儿意识到他是清醒的，并有意义地与周围的事物联系在一起。婴儿预测和反应，学习和发展，但这是以一种前反思的方式来完成的。婴儿并没有"想"这些事，"想"是对婴儿正在做的事情的反思。在某种意义上，一切事物都是潜意识的，因为不受反思的影响。当婴儿能够反思自己是什么的时候，意识就产生了。

　　然而，很可能有些东西，比如，我们的冲动和一些记忆，我们既不愿详细阐述，也不愿意识到它们。我们对自己所爱的人的感情并不简单，有时充满矛盾心理。我们很可能不愿去思考我们对所爱的人的负面情绪。凯利评论说，有时，我们用潜意识的概念来掩盖生活的模糊性，这正是存在主义采取的立场。压抑是个人的选择。压抑是不考虑模棱两可的东西。这不

---

① 关于个人建构理论与存在主义的关系，参加 Butt, T. (2004). *Understanding People*. Basingstoke: Palgrave.

是让意识转化为潜意识的问题，而是选择不思考我们模糊意识到的令人不安的事情。如果我们能忽略这些事情，生活就会变得更简单，有时我们能做到这一点。据说，当我们不能忽视我们的敌意，并把它伪装成合理意图的时候，压抑产生了。

　　所有这些观点都隐含在凯利的作品中。在凯利的作品中，凯利扩展了这些观点以将它们包括进来，但是凯利作品的"味道"就是不突显这些观点。也许我们可以把凯利的方法看作是典型的北美人做法，而不是欧洲人做法。凯利的观点本质上是乐观的，而不是悲观的。尼采和弗洛伊德的作品植根于国家民族的诞生以及随之而来的偏见和冲突。在 19 世纪末 20 世纪初的战争和破坏之后，尼采和弗洛伊德的观点蓬勃发展起来。当然，美国也经历过悲剧和破坏，但美国是一个正在发展和创造巨大财富的新国家。凯利的实用主义思想强调选择、机遇和对未来的展望，而不是将人埋葬在过去的障碍中。作为"科学家"的人，捕捉不到人类生活的悲惨方面。当然，这种"悲惨"本身就是一种建构。悲剧、喜剧、讽刺剧和浪漫剧都是我们看待所面临事件的滤镜。问题不在于生活是否真的是悲剧，而在于生活是否让人如此看待它。"有帮助的人"意味着帮助那些试图理解生活并可能使人们的生活变得更好的人。

124

第八章　理解心理学

在第八章，也是最后一章，我想探讨凯利对当代心理学的贡献。我们将看到，凯利对建构主义运动产生了重要的影响。我将探讨建构主义的发展和意义，尤其是建构主义对个人叙事的强调。最后，我会反思个人建构理论是一种什么样的理论，思考实用主义在当今和未来心理学中的地位。我认为，个人建构理论应该是一种理解人的解释学方法——一种旨在理解而不是发现因果解释的方法。

虽然可能只有几位心理学家把自己明确定义为个人建构理论家，但个人建构理论的许多方面都融入心理学的实践和理论中。个人建构理论主张的研究方法已经用于临床实践和实验研究项目。特别是凯利方格有它自己的"生命"，被用于许多不同领域的研究中。例如，在心理学领域之外的商业研究和市场研究，凯利方格和"梯子"技术都得到广泛应用。理论与实践的关系对实用主义以及理解当今心理学理论多样性是至关重要的。心理学家不再努力寻求能够解释一切的综合理论。相反，人们接受一系列理论，每个理论都能够解释一个较小的范围。克维尔（Steinar Kvale）① 把这称为后现代思想的一种观点。克

---

① Kvale, S. (1992). Postmodern psychology: A contradiction in terms? In S. Kvale (Ed.). *Psychology and Postmodernism*. London: Sage.

维尔指出，任何有价值的理论都是在各种各样的实践中产生的（跟凯利所说类似，见第一章）。基于实用主义、后现代思想的原则，人们不能以反映某种超越性现实的知识为目标。我们看不到"现实中"的世界。想象一下，一只有360度视野的鸭子、一只拥有声呐设备的蝙蝠或一只拥有非凡光学设备的昆虫，它们看到的将是多么不同的景象。每一种动物都根据它在世界上的位置和维度来解释现实，知识不是现实的一种表达，而是现实的一种建构，是为我们利用世界量身定做的。我们可以看到后现代理论是建立在建构替换论基础上的，这一哲学立场是凯利从杜威的实用主义（有时凯利也将其称为"工具主义"）中提炼出来的。正如我们所看到的，建构替换论并不认为我们可以自由地以我们想要的任何方式看世界。我们显然被"存在"的东西限制。但是，我们对事件的态度，以及随之而来的行动，都取决于个人的建构。

126

凯利是他那个时代的人，他很可能不太愿意被认为是后现代主义者。毕竟，凯利拒绝了所有将他的理论融入其他心理学框架的尝试。但凯利肯定认识到，任何理论的适用范围都是有限的，理论只能尝试解释一些事件。正如凯利告诫人们那样，不要发展涉猎太广的理论。个人建构理论的适用焦点在于"人重新适应压力"。[①] 这一适用范围可以延伸到"个性，尤其是人际关系问题"领域。[②] 个人建构理论产生于心理治疗实践。大多数人格理论的确起源于心理治疗实践。在心理治疗实践中，我们理解自己和我们的社会。在今天的人格和社会心理学领域，我们看到越来越多的人对建构主义和建构主义方法感

---

① Kelly, G. A. (1955). *The Psychology of Personal Constructs*. London: Routledge. p.12.

② Kelly, G. A. (1955). *The Psychology of Personal Constructs*. London: Routledge. p.11.

兴趣。[①] 两者都强调自己的后现代身份和主观现实的建构方式。两者的相似之处多于不同之处，因为两者都与正统心理学的客观主义立场形成鲜明对比。这就清楚地把人与世界分开了。人对世界的认识（即认知）是心理学的主题。[②] 现实是"存在的"，我们要通过感官发现它。建构主义并不认为人与世界是分离的。相反，建构主义把人与世界看作是辩证的关系。最重要的是人与世界之间的关系，我们不能单独考虑一个人或一个人的世界。

建构主义

恰里（Gabriele Chiari）和诺佐（Maria Laura Nuzzo）创造了"解释学建构主义"一词，将建构主义定义为超越个人与世界的二元论。[③] 恰里和诺佐认为，凯利是这种方法的创始人。正如前文所述，凯利开始他的工作时，拒绝了那些要么关注客

127

---

① 格根（Kenneth Gergen）多年来一直是北美心理学领域一个孤独的存在，他坚决反对正统心理学个人主义偏见。在 1985 年发表在《美国心理学家》（*American Psychologist*）杂志的一篇文章中，格根提出社会建构主义，该理论后来在英国的影响超过美国。社会建构主义者认为，凯利属于人文主义和个人主义的传统，因此个人建构理论与社会建构主义是不相容的。尽管如此，格根还是认识到乔治·米德和凯利在心理学试图将自我社会化过程中的重要性。Gergen, K. (2001). *Social Construction in Context*. London: Sage. 在恰里和诺佐看来，社会建构主义是解释学建构主义的一种变体。

② 至少在过去 30 年里，认知心理学一直是正统心理学的中坚力量。奈塞尔（Ulrich Neisser）《认知心理学》（*Cognitive Psychology*）（1967）的出版，标志着认知心理学的开端。又过了 10 年，认知主义取代行为主义成为临床心理学的中心。20 世纪 70 年代中期，临床心理学家开始对贝克和埃利斯的工作更感兴趣。在贝克和埃利斯的影响下，行为疗法转变为认知行为疗法。

③ 这里大部分讨论都是基于恰里和诺佐在弗兰塞拉（Fay Fransella）《个人建构心理学国际手册》（*International Handbook in Personal Construct Psychology*）（2003）中所写的关于建构替代主义哲学的精彩章节。

观现实，要么关注患者主观世界的临床医生的做法。一个人所处的世界和他对这个世界的建构，对理解这个人至关重要。尽管我们会试图把事件从事件的建构中分离出来，但两者不可分割地混合在一起，不能单独考虑。我们从来没有接触过"本来面目"的世界——我们对世界的建构就是我们看待世界的滤镜。当有人告诉你他发生了什么事，你听到的是他的叙述，是他对这件事的建构。这并不意味着他所说的一切都是他编造的，当然不是这个意思。任何建构都必须经由实践的检验，但个人建构理论强调建构替换论在各种情况下所起的作用。与60多年前凯利出书时相比，这种建构主义立场在今天已经作为"常识"被广泛接受。叙事性、自传性和自白性的文化爆发。人们总有自己的故事要讲。但是，现在我们有了记者和顾问，有了传播的媒体，有了对事件感兴趣的观众。[①] 我们承认历史是由胜利者书写的，无论我们怎么反对，在任何冲突中，各方都有理由这样做。我们对新闻报道和宣传持怀疑态度。我们知道，政府总是会以"特定的方式"呈现事件，这是一个可能会遭到其他观点强烈反对的建构。公众对个人的叙述越来越感兴趣——尤其是个体对事件的看法。历史不再是一系列国王和王后的行为。历史也是由许多不为人知的故事组成的。人们并非不加批判地相信这些说法。我们并不一定相信我们听到的一切，因为我们知道总是可以采纳其他的观点。毫无疑问，建构主义已经融入历史和社会学。

然而，心理学往往与其他社会科学不同步。与历史社会学和经济学不同，心理学是在自然科学而不是人文科学的基础上发展起来的。我们在第二章中看到华生的行为主义是如何模仿19世纪的物理学的。在过去的100多年里，心理学家一直认

---

① Plummer, K. (1996). *Telling Sexual Stories*. London: Routledge.

128

为自己从事着与物理学类似的工作，与研究对象保持客观的距离，进行实验并客观地提取结果。正如我们所看到的，凯利反对这种类型的心理学，认为心理学家的"研究对象"不是一种惰性物质，心理学家的"研究对象"有自己的理论和意图，这可能会挑战心理学家的简单理论。这种科学模式是基于一种名为逻辑实证主义的方法论。逻辑实证主义认为，科学建立在对事实的冷静观察之上，而这些事实是用来丰富理论的。因此，科学知识建立在一个不容置疑的现实基础之上。任何其他类型的活动都不是真正的科学。这就是凯利嘲笑的"累积碎片主义"，即用事实之砖砌起知识之墙。在 20 世纪 50 年代初，建构替换论似乎是遥不可及的，但在 20 世纪 60 年代，波普尔（Karl Popper）和库恩（Thomas Kuhn）这两位科学爱好者的工作却被科学界广泛接受，他们都反驳建立在事实基础上的逻辑实证主义的归纳逻辑。波普尔认为，我们不能证明一个理论是正确的。相反，我们可以进行假设检验，如果没有证据证明理论是错误的，那么这个理论就是正确的。可以说，这是我们拥有的最好的理论，但很可能在以后的日子里被证明不是那么有用。库恩的主张是，科学的进步不是通过仔细思考事实知识，而是通过与个人建构理论的建构替换论类似的范式转变来实现的。科学哲学家现在接受任何所谓的事实都是建立在理论基础之上的，而理论提供了挑选和观察事实的框架。

在心理学历史的大部分时间里，心理学是根据一种过时的科学来塑造自己的。当然，早期的行为主义超越詹姆斯、杜威和乔治·米德的实用主义。我们注意到，当凯利在 20 世纪 50 年代初开始写《个人建构心理学》时，他认为自己偏离正统心理学太远了，以至于无法被正统心理学接受。这是因为凯利的理论不是建立在逻辑实证主义基础之上，而是建立在实用主义基础之上的。虽然凯利的作品并没有获得正统心理学家的普遍好评，但是凯利的作品受到许多实践者的热烈欢迎，并被他们保存了下来。现在，我们看到实用主义以建构主义的形式回归，排斥精神与身体、人与世界的二元论是其基本特征。它的目标是理论与实践相联系，并支持多元化的世界观。这不是试图发现一劳永逸的真理，而是接受不同建构将服务于不同目的这一思想。人类的知识必须以人类的目的为基础。

内梅尔（Robert A. Neimeyer）关于悲伤与失去主题的著作，是一部明确以个人建构理论为基础的建构主义著作。这是利用实用主义和存在主义在个人建构理论领域制定治疗方案的一个很好的例子。[①] 在库伯勒（Elisabeth Ross Kubler）的精神分析著作之后，大众已经普遍接受对悲伤和失去的分析，即每个人的悲伤和失去都要经过以下恢复阶段：否认、愤怒、讨价还价、抑郁和接受。这似乎是每个人都必须遵循的既定路线。如果一个人没有经历愤怒，他应该去经历。当然，有时，愤怒可能是适当的，但总是如此吗？这是一种"一刀切"的模式。内梅尔指出，这一点没有实证支持。尽管如此，这种模式已经被广泛研究并被许多外行人接受。尽管该领域的临床医生和研究者可能不再认同这种模式，但在日常生活中，未经训练的咨询师和人们仍然理所当然地认为这种模式是智慧的。重点是"放手"，使生活回归正常。

相比之下，内梅尔的治疗强调悲伤是有意义的。恢复有很多独特的途径，愤怒可能是复杂性悲伤的一个突出特征，但没有理由认为愤怒是所有悲伤的核心。对于被困在虐待关系中的人，我们可能会期望他能从中解脱出来。我们与父母的关

---

① Neimeyer, R. A. (2000). *Lessons of Loss: A Guide to Coping*. Memphis: University of Memphis Press.

系往往是复杂的，充满了不确定性，因此失去双亲的模式是复杂而独特的。敦促悲伤的人"放手"是不现实的，也是无益的。我们的生活是由关系网组成的，而悲伤就是在这样的关系网中发生的。罗斯的模型将悲伤私人化，认为悲伤是一个独立的内部过程。建构主义模型承认，私人领域是公共领域的产物。当父母去世时，我们可能会失去儿子或女儿的角色。但在未来的很多年里，我们很可能会继续与逝去的父母进行内心对话。悲伤是在没有另一个人的情况下学会忍受这种失去。当我们失去一个重要的人，我们永远无法"回到正常的生活"。期望我们这样做当然是不现实的，尽管我们必须适应他人的离去。

从"人是科学家"到"人是作者"

130　　内梅尔强调了人类生活的故事性。我们每个人的生活都是一个故事，我们用故事来解释我们生活中发生的事情。失去亲人打乱了这种叙述，我们必须重新调整我们的故事，使之融入我们的生活。我们可能需要一种新的观点来建构过去。许多建构主义中隐含"人是作者"的概念。有时，这一点是明确的，并与叙事治疗有关。也许个人建构理论不被广泛接受的原因之一是，当我们考虑人们的行为时，作为"科学家"的人的适用范围太窄了。毕竟，我们有多少时间是在测试命题，进行实验，并注意到我们工作的效果？凯利的意图是强调人的求知欲，但"人是科学家"的模型听起来太像一个超然的、智能化的人了。

　　"人是科学家"的隐喻把人看作是有好奇心的科学家，用行为实验积极探索世界，这些行为实验要么证实了人的假设，要么否定了人的假设。凯利将行为视为有意义的和有预见性的，并且行为密切参与解释过程。这与行为主义"行为是对事件的反应"的概念形成鲜明对比。两极命题的一个很大特征是，它根据它否认的东西来帮助我们理解行为的意义。"人是科学家"的隐喻否定了行为主义认为的人的被动性。相反，它认为人是主动的人，人积极探索外部世界，进行实验并修正假设。有传言称，凯利认为行为疗法除了写作方式之外，没有其他任何问题。当患者从系统脱敏中获益时，并不是说他已经在皮质下适应了新的刺激，而是患者通过实验，发现某件事并不像以前那么可怕。弗兰塞拉认为，"人是作者"的模型不像"人是科学家"模型那样把解释和探究联系起来。① 我们必须记住，凯利所说的"科学家"不是一个行为主义者，而是一个实用主义者。实用主义正在社会心理学领域复兴，定性方法现在被认为是某些研究工作的合适工具。社会科学家不是简单的实验主义者，也许"人是科学家"的隐喻可以调整为人是参与观察者、采访者和生活史的接受者。

那些建议将人看作叙述者或作者的人会说，凯利的天才之处在于，在一个行为主义当道的时代，将行为与思想和情感联系起来。在行为主义时代，意向性是没有存在空间的。"人是科学家"是 20 世纪 50 年代一个较为激进的隐喻。但"人是作者"的隐喻与凯利的理论不谋而合，而且这个隐喻更准确地代表了经验。人们生活在故事中，叙事是日常生活的建构。通过经验，我们只能判断故事，而不是理论有效或无效。这是一种建构主义的观点，个人建构理论领域的一些先驱，如梅尔②

131

---

① 弗兰塞拉（Fay Fransella），个人交流时间：2006 年 10 月 22 日。
② Mair, J. M. M. (1989). *Between Psychology and Psychotherapy: A Poetics of Experience*. London: Routledge.

和沙门（Phillida Salmon）[1]也持有同样的观点。哲学家彼得斯
（Richard Stanley Peters）[2]也质疑把"人是科学家"的隐喻放在
首位。凯利原计划于1967年9月参加芝加哥大学关于动机和
情感的研讨会。会议邀请了众多著名的心理学家和哲学家，并
由西奥多·米歇尔（Theodore Mischel）主持。遗憾的是，1967
年早些时候，凯利去世了。但是，其他参会者在参会前阅读了
彼此的作品。彼得斯给予凯利很好的评价，他喜欢凯利提出的
"人是科学家"的隐喻，认为这个隐喻指出，行为主义否认了
一个人的主动性。但是，彼得斯说凯利还没有充分贯彻他的想
法。人能"科学地"思考，只是因为在今天这个时代，人已开
始接受科学思维的规则。这个隐喻对中世纪的人毫无意义。只
有在特定的传统中，才能理解这个隐喻。故事植根于传统，进
而传播成文化。故事不是独立的产物。因此，"人是叙述者"
的模型可能反映了更基本的人类潜能，即通过叙述来理解经历
并赋予经历意义。[3]

在凯利评价辛克尔之前，笔者已经注意到，凯利想让心
理学家接触人们的生活，让心理学家在接触时感受科学。也许
辛克尔会接受，甚至欢迎这个新的转变。凯利是他那个时代的
人，一个现代主义思想家。和杜威一样，凯利相信科学思想会
导致心理和社会进步。凯利认识到进步可以有许多意想不到的
形式，而一个好理论的标志就是它的修正能力，并最终被几代

---

[1] Salmon, P. (1985). *Living in Time*. London: Dent.

[2] Peters, R. S. (1969). Motivation, emotions and the conceptual schemes of common sense. In T. Mischel (Ed.). *Human Action: Conceptual and Empirical Issues*. London: Academic Press.

[3] 萨宾（Theodore Sarbin）认为，心理学应该重新思考叙述隐喻的新的根源。在心理学中，叙述是隐喻的根源。Sarbin, T. (1986). *Narrative Psychology: The Storied Nature of Human Conduct*. New York: Praeger.

人的理论取代。①凯利的许多工作（例如，使用自画像）符合叙事模式，而凯利肯定也乐于与今天的正统心理学划清界限。很多当代心理学本质上都是还原主义。心理学将认知锚定在脑科学中以证明其科学性的希望是徒劳的。正是通过这种还原论的研究方式，认知可能通过发现与之相关的感觉、运动通路和神经网络，与行动联系起来。

当事实证明，事件的生理建构有用时，凯利并没感到不安。例如，它可以帮助我们在短期内处理焦虑和忧郁。但凯利认为，心理学解释不能归入生理学的领域。如果没有光线穿过视网膜并通过神经通路进入视觉皮层，我们就不会看到东西，但是我们必须以心理建构的方式来理解所见，这种建构先于感觉。我们把一些事情建构为可怕的、兴奋的、厌恶的或沮丧的。我们不是先看见，然后才推断出这些含义。光线是物理学家谈论事件的方式。光线对某些研究目的是有用的，但对另一些研究目的却没有用处。理解意义是心理学家的工作范围。凯利留给心理学的遗产不仅在于个人建构理论创造的方法，还在于他在解释一致性的基础上，提供了理解个人意义的基础，避免行动、思想和情感彼此分离的二元论。无论是将人视为科学家还是将人视为作者，都与正统心理学中关于人的机械论观点相去甚远。

恰里和诺佐给建构主义下的定义是广泛的。他们认为，建构主义是强调人与人之间关系，以及人与世界之间关系的方法。建构主义把心理学家的注意力从"内在的"人身上转移到"人与人"之间的关系上。现象学家把这种关联称为人与世

---

① 1958年，凯利在波多黎各大学发表演讲，阐述了他的观点（与波普尔的观点一致）。该演讲以"大学层次的师生关系"为题出版，并在《理解心理学》上再版。Kelly, G. A. (1969). *International Handbook on Personal Construct Psychology*. Chichester: Wiley.

界之间的有意关系。在心理学中，这仍然被视为一种激进的方法。① 但建构主义与其他社会科学形成一座桥梁。社会学中的解释学和现象学方法重新激活了以叙事为核心概念的批判人文主义。② 建构主义方法也以乔治·米德和杜威的实用主义为基础，两者的目的是相同的——帮助人们理解自己和他人的生活。在本书中，笔者经常故意使用"有意义的"这个短语，因为它是凯利思想的核心。只有通过人们的故事（理论或解释），我们才能理解人们。正是从我们自己的叙述中退后一步，认识到"我是作者"的身份，我们才开始了解自己。个人建构理论是一种解释心理学。

理解和解释

沃尔特·米歇尔是当代人格理论的重要人物之一。作为凯利的学生，沃尔特·米歇尔赞扬凯利的临床技能和其开拓并发展的现象学研究方法。沃尔特·米歇尔认为，③ 像弗洛伊德、凯利和罗杰斯这样的临床工作者，在人格理论的基础上发挥了至关重要的作用。沃尔特·米歇尔认为，凯利仍然很重要，因为他提供了一种存在主义方法，在现象学的分析层面发挥了作用。理解个人的意义是必要的。这里的关键词是"理解"。笔

① 甚至一些仍然强调个人认知工作的建构主义者也这样认为。恰里和诺佐指出，北美的一些建构主义定义强调的不是建构主义的关系方面，而是人对环境的行动。

② Plummer, K. (2001). *Documents of Life 2: An Invitation to a Critical Humanism*. London: Sage.

③ 沃尔特·米歇尔认为罗杰斯和凯利的现象学方法都很有用，但也认为他们应该受到批评，因为现象学的解释"不一定揭示行为的原因"。
Mischel, W. (1993). *Introduction to Personality* (5th ed.). Fort Worth: Harcourt, Brace Jovanovich, p.253. 本章的论点是，在这个意义上，行为没有原因或动机。相反，我们必须依靠一个人的理由来解释行为。这是正统心理学不愿接受的。

者认为，在这里区分理解和解释是有意义的。"理解"和"解释"①的概念最早由德国哲学家狄尔泰（Wilhelm Dilthey）提出。②狄尔泰认为，因果解释适用于自然科学（例如，物理和化学），但不适用于人文科学（例如，历史和法律）。在因果解释中，我们寻找因果关系。因此，在物理学中，我们可以通过作用在物体上的力来解释运动。台球之所以能移动，是因为球杆或另一个球对它施加了作用力。显然，这是一个非常简单的示例，但是我们可以看到该原则如何应用于更复杂的示例，其中多种相互作用组合起来产生特定的效果。若干基因和环境因素可能共同作用于一个人的身体结构。然而，理解历史事件的意义是不同的。我们可能会说，第二次世界大战是由德国入侵波兰引起的，但这里我们使用的"原因"一词含义松散而不同。我们的意思是，因为德国入侵，所以英国和法国宣战是可以理解的。这里没有简单的决定论。同盟国可能已经决定不施以武力，事实上纳粹德国打赌他们会让步。因果解释是确定的，但在人类事务中，没有什么是确定的。

狄尔泰声称，理解不是通过寻找因果关系实现的，而是通过把事件放在一个语境背景中实现的。这样，我们就把理解看作是一系列事件的一部分。理解以事件对参与者的意义为基础，理解不一定是因果关系的。从字面上讲，理解包括理解事物对人们的意义，以及人们对事物的解释。这并不是必然的，因为同一件事情对不同的人有不同的含义，不同的人的反应也

---

① 就像史蒂文斯（Richard Stevens）在《弗洛伊德和精神分析》（*Freud and Psychoanalysis*）中所做的那样。

② Dilthey, W. (1988). *Introduction to the Human sciences: An Attempt to Lay a Foundation for the Study of Society and History.* Detroit: Wayne State University Press.
对狄尔泰关于理解的著作有一个很好的介绍：Outhwaite, W. (1975). *Understanding Social Life: The Method Called Verstehen.* London: Allen and Unwin.

134 是不同的。一个人可能感觉到威胁，但在面对威胁时，这个人
可能会选择报复，也可能会选择平息威胁、忽视威胁或重新解
释威胁。在理解的过程中，我们采用了不同的视角将一件事置
于不同的情境，并思考这件事是什么情境的一部分，这件事的
意义是什么。

通过观察事物如何融入更大的整体，我们才能理解事物
的意义。当然，我们可以在不同的、不断扩展的环境中看到不
同的事物。我们可以在交谈中清楚看到这一点。我们理解别
人对我们说的话，并能解释它。我们通过听别人说的词来做到
这一点，通过观察词如何组成句子来理解词的意思。当有人说
"我在兔子和猎犬酒店那儿跟你会合"时，我们可不会把会合
（meet）听成是肉（meat）（meet 与 meat 是同音异义词），并思
考这句话到底是什么意思。句子中两个词听起来很像，但只要
考察一下这些词所在的语境，你就会明白这个词的意思。我们
需要词和语境，即部分和整体来理解句子。更重要的是，句子
本身必须是语境化的才能了解句子全部意义。英国人马上意识
到"兔子和猎犬"是酒店的名字。他可能不知道具体是哪个酒
店，但沉浸在一种英语文化中，他知道这是人们很可能会选
择的见面的地点。这样，我们从整体到部分来来回回地实现意
义。狄尔泰把这称为解释学循环（解释学是解释艺术的名称）。
狄尔泰声称，人类科学就是建立在解释学的方法之上的。理解
人类更像是解读文本，而不像预测粒子的运动。

正如我们所看到的，今天的正统心理学在很大程度上是以
自然科学为模型的。自从行为主义出现以来，英国和美国的心
理学自觉地将心理学定位于物理学之后。当然，在心理学中也
有一些领域恰当地使用了实验方法，这种自然科学模型也适用
于这些领域。在认知心理学中，实验有助于解释我们处理信息
的过程。当我们进行态度调查时，我们必须考虑用有代表性的

大样本和定量的方法来回答有关态度的研究问题。我们的问题是，这种自然科学模型是否符合人格的范畴？对许多心理学家来说，答案是肯定的。行为主义及其继承者认知行为主义，都在寻找行为的因果解释。斯金纳研究的是环境因素——强化因素和区别性刺激，而贝克和埃利斯认为，认知风格是导致情绪和行为的原因。大多数英国和北美的心理学家把人格看作是个体差异的心理学。个体的人格是在一张普遍特征的"地图"上绘制出来的，在这张"地图"上，一个人的个人资料是通过填写不考虑特殊含义的问卷得到的。当然，这并不能告诉我们一个人是如何看待这个世界的，这并不是研究的本意。有人认为，这不是一个好的人格理论研究。艾森克明白每个人都是独一无二的，但他相信任何以科学有效的方式捕捉这种独特性的尝试都注定要失败。艾森克的研究方法以自然科学为模型，他将其提出的主要因素——内向性（introversion）和神经质（neuroticism）——与物理学中的系数进行了比较。液体的沸点会告诉我们在什么条件下液体会蒸发。一种材料的弹性系数能预测把这种材料扔下时会发生什么。同样，神经质的高分告诉我们，如果人们处于压力之下，他们会出现神经症性症状。艾森克和他的同事们声称，内向/外向的维度可以预测在压力下的神经症性症状，内向的神经质者倾向于变得偏执、恐惧或焦虑，而外向的神经质者则会变得精神错乱或歇斯底里。

这是一个因果模型。有些人患有强迫症是环境因素和结构因素相互作用的结果。环境提供了压力源，而发生的一系列生活事件，则与环境相互作用，导致患者出现强迫症的症状。然而，并不是每个人在同样的压力下都会有相似的反应。一个外向的人可能会出现胃痛，而一个冷静的人可能幸运地没有出现任何症状。大脑和神经系统中存在着各种各样的系统，这些系统可以解释气质差异。但在所有的特质理论中，心理特质包含的特质行为反映了一些潜在的生物学基础。这似乎是对特质理论的科学解释——在生理层面解释心理现象。在生理层面解释心理现象是还原论的一个例子。艾森克用生物学家的表现型和基因型的词汇来解释行为。正如棕色眼睛的表现型可以由不同的基因型引起，因为显性基因和隐性基因的组合不同。同样，外向行为是不同大脑状态作用的结果。因为自然科学发现了环境中潜在的因果关系，所以自然科学在帮助我们掌握环境方面获得成功。世界呈现给我们的方式在分子和原子层面上得到很好的解释。因为光的波长，所以我们看到天空是蓝色的，而不是红色的。因为声波的频率不同，所以我们听到声音的高低也不同。

136

很容易看出还原论对心理学家的诱惑力。自然科学拥有较高的声望。评论家和媒体对物理学家充满敬畏。资金流入他们的研究项目，公众尊重他们，当我们听到一位理论物理学家在谈论时间、空间和平行宇宙时，我们惊叹不已，直呼"真没想到！"同样，当大脑研究显示某一特定区域如何参与快乐或痛苦的体验时，反应也一样。似乎我们现在可以解释痛苦或快乐，因为痛苦和快乐与大脑状态有关。我的一些朋友喜欢看足球比赛，但我觉得很无聊。毫无疑问，当他们觉得快乐的时候，他们大脑的某些结构会被激活，而在我身上，这些结构没有被激活。但是，这是为什么呢？也许这与足球对我们每个人的意义有关。意义经过多年发展，与特定经验相联系，被我们各自生活经验影响。没有哪位脑科学家能够解释这一切——这在逻辑上是不可能的。不管现在还是将来，没有哪位脑科学家能够解剖大脑并说出某人在想什么。神经递质和突触是脑科学家谈论痛苦和快乐的方式，就像波长是物理学家谈论光的方式一样。这种研究方法对某些研究目的有用，而对其他研究目的无用，而且对理解他人毫无帮助。知道有些人患上了痴呆，或许可以解释他为何不再压抑自己。但这个人压抑什么，这是理解的问题，而不是解释的问题。

凯利的选择是不要尝试以"科学化"的方式研究人格心理学。科学是对知识的追求，从这个意义上说，人格心理学的目标是科学，但人格心理学家不必是还原论者，也不必盲目地照搬自然科学。相反，人格心理学的目的是理解而不是解释，不是将事物拆解，去寻找更小的单元，而是通过语境关联来寻找意义。杜威是科学方法的强烈倡导者。杜威认为，科学带来了最纯粹的知识形式。对杜威来说，最可靠的探究方法是实验——尝试一些东西，看看会发生什么。通过改变条件和分离变量，我们开始理解物理世界中的模式。但杜威也认识到，所有的心理理解都无法通过实验单独实现。思考和反思将事物置于背景中，并识别事物的模式："因此，所有的知识，所有的科学，都是为了抓住对象和事件的意义，而这一过程总是包括把对象和事件从表面上野蛮孤立的事件中分离出来，并把对象和事件看作是更大的整体的一部分，从而解释对象和事件。"① 我们通过联想和部分—整体关系来获得意义和价值。

正如我们在第二章所提到的，杜威把他的许多观点归功于乔治·米德。② 我们也注意到，乔治·米德深受达尔文进化论的影响。在进化过程中，更高层次的组织以这样一种方式出现：它们在更高系统中的存在改变了它们参与较低系统的方式。当然，它们总是根植于底层。乔治·米德把所有的生命形式都看作是与环境的有预期的相互作用。凯利认为，在至关重要的领域，人类的预测能力而不仅仅是反应能力，是预先设定

137

---

① Dewey, J. (1991). *How We Think*. New York: Prometheus Books, pp.117–118.

② 有趣的是，乔治·米德在 20 世纪早期的柏林曾在狄尔泰的指导下学习，并明显受到狄尔泰的影响。

好的。甚至"人是科学家"的隐喻也有其根源："如果我们把动物形式的行为看作是不断遇到问题和解决问题的过程，我们就可以在这种智慧中，甚至在其最低层次的表达中，找到我们称之为'科学方法'的实例。"[1]精神层面的存在根植于生命，但却被人类的反思能力改变。反思和思考是社会的产物——它们只有通过我们沉浸在共同文化和语言中才能实现。我们与他人交流，然后将交流内化为思考。我们和别人争论不休，所以我们也可以和自己争论不休。这种精神层面的存在是以使用符号为特征的。我们通过理解符号之间的关系来理解符号的意义。通过观察词在文本中的位置，我们才能理解词的含义。一门语言，既包含词汇和语法，也包含一种世界观，从一种语言翻译为另一种语言，永远无法完全捕捉到原文的细微差别。[2]在系统的精神层面上，人格科学主要关注理解。

因此，个人建构心理学是理解人格的一种解释学方法。它不试图基于建构的评估来解释和预测行为，它试图理解为什么人们会这样思考、感受和行动——这就是我们所说的解释。社会性推论的概念比较重要，它关注的是人如何看待别人对他的看法，并据此行事。因此，问题就变成：他认为别人如何看待他？结果又导致他如何表现？他的行为方式可能令人遗憾，也可能令人钦佩。心理学家的工作不是同情或哄骗。理解不应与同情混淆（事实上，在公众眼中也是这样）。如果我们说，我们能理解为什么自杀式爆炸者、连环杀手或恐怖分子会那样行事，这显然并不意味着我们赞成他们。凯利的观点是，除非我们站在别人的立场，从别人的角度来理解这一切，否则我们永

[1] Rosenthal, S., & Bourgeois, P. (1991). *Mead and Merleau-Ponty: Towards a Common Vision*. Albany: Sate University of New York Press, pp.7–8.

[2] Umberto Eco (2003). *Umberto Eco's Mouse or Rat? Translation as Negotiation*. Weidenfeld & Nicolson: London.

远无法成功改变现状。个人建构理论主张，如果我们把人看作是像一个建构系统一样运行，那么我们就能最好地理解他们。每个人都有一组两极建构，它们彼此影响。语境化意味着识别正在运行的建构，并查看建构如何适应个人的系统。换句话说，每个人对世界都有自己的理论。在这种理论背景下，一个人的行为有什么意义？他们在做什么实验？试图证明什么？得出什么结论？

阅读《个人建构心理学》的一个问题是，凯利的准工程学词汇有时似乎占了上风。建构紧缩或放松，决策、经验和创造力循环，核心建构，方格，当然还有建构系统。我们注意到，凯利觉得他的实用主义已经如此远离正统心理学，以至于他觉得有自己必要用心理学家的语言来让心理学家了解他的临床智慧。在 20 世纪 50 年代，心理学家可能对工程学词汇，而不是现象学词汇有更深刻的印象。不难看出，凯利被认为是认知行为心理学的原型。但在凯利生命的最后几年，凯利花时间驳斥了个人建构理论是一种认知理论的说法。他当时正忙着写一本新书，书名暂定为《人类的感觉》(*The Human Feeling*)。像其他著作很多的人一样，凯利从不同的角度写人类的感觉。笔者认为，当我们看到凯利在寻找探索他人世界观的方法时，他处于最佳状态。

我们可以看到，就像弗洛伊德和罗杰斯的理论一样，个人建构理论与那些试图简单解释因果关系的理论是对立的。这就是为什么个人建构理论在人格理论的世界仍然处于边缘。公众想要的是解释。连环杀手的动机是什么？大脑的哪一部分负责精神病？有同性恋基因吗？许多心理学家试图回答这些问题。对于个人建构理论家来说，这些问题是不恰当的。问一个愚蠢的问题，你会得到一个愚蠢的答案。这不仅仅是因为我们还不知道答案。原则上，我们永远也得不到答案。人不是上了发条

139

的机器，不是被动机驱使而采取行动的，而是有行动的理由（无论理由多么荒谬）。不能对人进行机械性评估，因为机械性评估总是能在个人层面影响预测的准确性。我们或许能够预测人们的总体行为（这是特质理论的工作范围），但个体行为是无法预测的。在任何特定的场合，总是有太多的错误。仅仅知道你的预测，就可能会让被预测者下定决心证明你是错的。个人建构理论并不试图把这种不确定性作为一个问题来解决，而是欣然接受了这种不确定性。人是"一种运动形式"，总是在做一些事情——问题是，在做什么事情？

　　当然，个人建构理论并不是解释人格的唯一方法。当代精神分析，比如，客体关系理论，并不是决定性的，而是把人看作主动的人，尽管人预测事件的方式明显受早期客体关系的影响。正如我们在前文所见，精神分析对人性持一种独特而悲观的态度，这与实用主义者的观点形成鲜明对比。我们应该记得，弗洛伊德和客体关系理论的追随者提出，人有一种与生俱来的破坏性。有些人的破坏性可能要比其他人多，但问题是我们会自我欺骗并对自己隐瞒这一点。弗洛伊德和存在主义者的思想都源于尼采，然而，与弗洛伊德不同，存在主义不认为这些自我欺骗的小把戏一定处于动力系统的潜意识中而无法触及。尽管一些客体关系理论家认为，仇恨和破坏性是环境造成的，而不是天生的（这与罗杰斯的观点相似），但所有人都同意人类是一个危险的物种。然而，凯利却强调进步和社会的希望。在这一点上，凯利与实用主义者、詹姆斯、杜威、乔治·米德和罗蒂为伍。这不能被误认为是一种乐观的世界观。强调希望重点说的是一个开放的未来，而不是不可避免的可能性。对于精神分析师和存在主义者来说，人类最大的希望来自了解自己最坏的方面。只有这样，人类才能避免盲目走向命运的灾难。对于实用主义者来说，这种自我认识既是一种建构，也是一种启示。就像在其他领域一样，创造和发现是密不可分的。罗蒂的哲学英雄是杜威。罗蒂声称，实用主义用希望取代了确定性和知识。与其相信人性的黑暗，不如相信黑暗只是一些人，也许是大多数人的本性。我们有责任创造一个更好的社会，从而造就更好的人。凯利作为一个实用主义者，他的贡献是试图在临床心理学和人际关系方面推进这个理念。

140

141

索 引 *

---

* 本索引中数字为英文版页码，现为中文版页边码，提示可在该页码所在页面检
索相关内容。——译者注

拓展阅读

有关个人建构词汇的完整定义和解释，请参阅由希尔（Joern Scheer）和沃克（Beverley Walker）编辑的个人建构理论网络百科全书。网址：http://www.pcp-net.org/encyclopaedia/

个人建构理论文章合集

Fransella, F. (Ed.). (2003). *International Handbook of Personal Construct Psychology*. Chichester: Wiley.

个人建构理论介绍

Butt, T., & Burr, V. (2004). *Invitation to Personal Construct Psychology* (2nd ed.). London: Whurr.

Bannister, D., & Fransella, F. (1971). *Inquiring Man*. London: Routledge.

Dalton, P., & Dunnett, G. (1992). *A Psychology for Living*. Chichester: Wiley.

凯利的作品

Kelly, G. A. (1955/1991). *The Psychology of Personal Constructs*, Volumes 1 & 2. London: Routledge.

Maher, B. (Ed.). (1969). *The Selected Papers of George Kelly*. New

Jersey: John Wiley & Sons.

汇集方格（凯利方格）

Fransella, F., Bell, R., & Banister, D. (2004). *A Manual for Repertory Grid Technique*. Chichester: Wiley.

Jankowicz, D. (2004). *The Easy Guide to Repertory Grids*. Chichester: Wiley.

期刊

个人建构理论和实践：http://www.pcp-net.org/journal/ 这是一份个人可以免费订阅的电子期刊。

Journal of Constructivist Psychology, Taylor & Francis: e-mail: online@tandfpa.com

译后记

乔治·凯利（George Kelly）一直从事心理诊断和治疗，是极有影响的临床心理学家，他提出的个人建构理论（郑希付教授将其翻译为"个人结构心理学"）在人格心理学、临床心理学和心理咨询等领域具有广泛的影响力。"心灵塑造者：心理学大师及其影响"丛书之一《乔治·凯利：个人建构心理学的探索者》——这本介绍凯利个人建构理论的书，经过漫长的努力，终于可以付印了，一路走来，感触良多。

人类心灵痛苦与来访者心理问题的解决，需要依托良好的理论基础。作为一名心理健康与心理咨询方向的教学科研人员，除了教学与科研工作外，我坚持每周进行心理咨询服务实践。面对一个又一个来访者，我常思考一个问题：什么理论可以解释来访者的心灵痛苦？什么理论可以帮助来访者找到出路？什么理论可以让来访者从容地面对这个纷繁复杂又瞬息万变的世界？在临床实践中，心理咨询师的思路和框架可能比心理咨询师的具体技术更有价值。凯利的个人建构理论正是心理咨询与心理治疗实践的思路和框架。

在翻译此书之前，我做了一些基本的探索。2012年，我与张大均教授合作在《西南大学学报（社会科学版）》发表《心理素质与心理健康关系模型构建：对 PTH 和 DFM 的超越》一文，提出"人的心理素质会使人进一步对其社会文化环境进行能动的选择，趋利避害，从而选择性地接受环境的影响，进而维持或促进心理素质的发展变化"的观点，强调人需要对自身的现状与状态承担选择的责任，人是参与自我塑造的人。这与凯利认为"人是自我导向的""人应承担起自己选择和决定的责任"的观点相呼应。2018 年，我们在《心理学前沿》（*Frontiers in Psychology*）发表了《职业相关事件的积极构建：在不同职业认同职前教师中存在的启动效应》（*Active Construction of Profession-Related Events: The Priming Effect among Pre-service Teachers with Different Professional Identity*）一文，强调人是职业事件的积极建构者。2019 年，我们在《积极心理学杂志》（*The Journal of Positive Psychology*）发表了《内隐生命意义：内隐生命意义的测量与结构效度及其与外显生命意义、抑郁的关系》（*Implicit Meaning in Life: The Assessment and Construct Validity of Implicit Meaning in Life and Relations with Explicit Meaning in Life and Depression*）一文，提出"繁华过后"（如个体从曾经拥有到现在失去，如同《红楼梦》中贾府中人物的命运一样），人很容易心态失衡，出现抑郁等心理问题，可能是由于缺乏对事件的重新建构，即建构老化和单一化，失去心理灵活性与建构通透性，遇到不如意事件时，不能灵活调整自己的建构以适应新的境遇，进而产生怀疑和愤恨的心态。人生起伏是常态，也许只有勇于舍弃原有的生活意义，重新建构并发现生活的意义，才能不被生活的困难击溃。正如苏东坡在人生辉煌时写下"人生到处知何似，应似飞鸿踏雪泥。泥上偶然留指爪，鸿飞那复计东西"的诗句，表明他在人生得意之时的解释具有通透性；在人生失意时，又写下"回首向来萧瑟处，归去，也无风雨也无晴""此心安处是吾乡"的平和诗句，表明他不受过去影响的达观心态。凯利的个人建构理论正是致力于帮助人们摆脱"我是过去的受害者"的感觉，并帮助人们重建自己的生活。

　　"人是科学家"的隐喻是凯利的核心理论观点,但人也只有在掌握了大量案例、故事和材料的基础上,才能较为准确地预测自己的人生。不论是影视作品、文学作品,还是历史事件、新闻事件,通过阅读和了解间接经验,都可以提高个体认识的复杂性以及建构的通透性,做到"尽最大努力,做最坏打算",成为一个成功的人生"科学家",从容预防和应对"繁华过后"的各种危机事件,维护自身的心理健康。这也与我多年来坚持给本科生开设"经典心理电影赏析"课程(该课程是江西省省级线上一流课程)和开展电影疗法研究(我主持完成"影视作品在大学生心理健康教育课程资源中的开发及应用研究""电影疗法在大学生心理健康教育自主学习中的应用研究""影视作品在研究生心理健康教育自主学习课程资源中的开发研究""红色影视文化与大学生生命意义培育的实证研究"等多项江西省省级课题,发表了电影疗法、电影观看素养等主题的 10 多篇论文)的初衷不谋而合,即通过赏析电影,引导学生进入电影中的角色,从角色的角度感受、理解、思考和想办法。这提高了学生的社会情绪技能以及对人性丰富性的认识,以此来进行心理健康教育或心理辅导。

　　在心理咨询与治疗实践中,凯利提醒我们要充分考虑来访者对事件的解释。我们的研究团队发现,心理素质、职业认同、生命意义会影响个体对外在事物或事件的解释,心理健康教育等干预手段则可以提高个体的心理素质、职业认同和生命意义。凯利的个人建构心理学理论对我主持的江西省教育科学"十三五"规划课题重点项目"生命意义对大学生心理健康影响的解释偏向机制及干预研究"(编号:21ZD030)的研究工作的开展提供了有益启发。在翻译本书的过程中,我进一步感悟了我的博士生导师张大均教授提倡的"积极适应,主动发展"

的魅力和力量。培养个体健全的心理素质，能够帮助个体在纷繁复杂与瞬息万变的现代生活中保持健康的心理状态。

本书（含中文版序一、中文版序二）的翻译是我和我指导的研究生杨文娟（就职于赣州师范高等专科学校）、好友黄璐（就职于南昌市启音学校，原南昌市聋哑学校）一起翻译完成的。我指导的研究生张鑫栋逐字逐句地校对了全书，补充和校对了索引、参考文献等内容。我指导的研究生陈欣盼、李小燕、王佳、常湉湉、赵家杰、郄录成、彭维珥、孙群若、谭晨露、张玉雯、姜文奇、刘响、朱曼、张博然、赵建军、马丽娜、黄良狮、唐艳珍、潘舒娅等对全书进行了挑剔性阅读和部分校对。最后，我对全书进行了修改和审校。

感谢我的好友姜永志博士。姜永志博士是一位非常优秀的研究者，是他推荐我加入"心灵塑造者：心理学大师及其影响"丛书翻译团队。感谢上海教育出版社编辑王蕾博士，感谢她为本书优化提出的意见和作出的贡献，她一丝不苟的敬业精神和严谨的工作态度给我留下了非常深刻的印象。

本书除了可以供临床心理学、人格心理学、心理咨询与治疗领域的本科生、研究生、研究者、实践者，以及心理学爱好者阅读，还可以为心理健康教育提供理论参考与实践指导。由于时间和水平的限制，本书的翻译错误难免，恳请读者批评指正。

王鑫强

江西师范大学心理学院

江西师范大学心理技术应用研究所

江西师范大学心理健康教育研究中心

2023 年 10 月 10 日

图书在版编目（CIP）数据

乔治·凯利：个人建构心理学的探索者/（英）特
雷弗·巴特（Trevor Butt）著；王鑫强，杨文娟，黄璐
译.— 上海：上海教育出版社，2023.8
（心灵塑造者：心理学大师及其影响系列）
ISBN 978-7-5720-2186-2

Ⅰ.①乔… Ⅱ.①特…②王…③杨…④黄… Ⅲ.①
乔治·凯利–生平事迹 Ⅳ.①K837.125.1

中国国家版本馆CIP数据核字(2023)第141425号

上海市版权局著作权合同登记号 图字09-2022-0546号

责任编辑　王　蕾
封面设计　郑　艺

心灵塑造者：心理学大师及其影响系列
乔治·凯利：个人建构心理学的探索者
[英] 特雷弗·巴特（Trevor Butt）　　著
王鑫强　杨文娟　黄　璐　译　张鑫栋　等　校

出版发行　上海教育出版社有限公司
官　　网　www.seph.com.cn
地　　址　上海市闵行区号景路159弄C座
邮　　编　201101
印　　刷　上海叶大印务发展有限公司
开　　本　889×1194　1/32　印张 6.25　插页 2
字　　数　155 千字
版　　次　2023年10月第1版
印　　次　2023年10月第1次印刷
书　　号　ISBN 978-7-5720-2186-2/B·0050
定　　价　45.00 元

微信扫码

认识个人建构理论
塑造自由心灵

图书简介
快速了解本书核心要点

章节试读
初步了解激发阅读兴趣

心知识读库
上教社心理学书库
在线学习"心"知识